22 Novembre 1887.

CATALOGUE
D'ESTAMPES

ANCIENNES ET MODERNES

DE TOUTES LES ÉCOLES

VIGNETTES ET ORNEMENTS

DESSINS

MINIATURES SUR VÉLIN

Tirées de manuscrits des XIIIe, XIVe, XVe et XVIe siècles.

GRAVURES EN LOTS

Dont la vente aux enchères publiques aura lieu

HOTEL DES COMMISSAIRES-PRISEURS, RUE DROUOT, N° 9,

SALLE N° 4

Du Mardi 22 au Vendredi 25 Novembre 1887

A UNE HEURE ET DEMIE PRÉCISE

Me MAURICE DELESTRE
COMMISSAIRE-PRISEUR,
27, rue Drouot

M. J. BOUILLON
Marchand d'Estampes de la Bibliothèque Nationale
SUCCESSEUR DE CLEMENT
Rue des Saints-Pères, 3

PARIS — 1887

CATALOGUE
D'ESTAMPES
ANCIENNES ET MODERNES
DE TOUTES LES ÉCOLES

VIGNETTES ET ORNEMENTS

DESSINS

MINIATURES SUR VÉLIN
Tirées de manuscrits des XIIIe, XIVe, XVe et XVIe siècles.

GRAVURES EN LOTS

Dont la vente aux enchères publiques aura lieu

HOTEL DES COMMISSAIRES-PRISEURS, RUE DROUOT, N° 9,

SALLE N° 4

Du Mardi 22 au Vendredi 25 Novembre 1887

A UNE HEURE ET DEMIE PRÉCISE

Par le ministère de Me **MAURICE DELESTRE**, Commissaire-Priseur,
27, rue Drouot, 27.

Assisté de **M. JULES BOUILLON**, Marchand d'Estampes de la Bibliothèque nationale, successeur de CLEMENT, rue des Saints-Pères, 3.

PARIS — 1887

CONDITIONS DE LA VENTE

Elle sera faite au comptant.

Les Acquéreurs paieront CINQ POUR CENT en sus des enchères, applicables aux frais.

M. J. BOUILLON, chargé de la vente, se réserve la faculté de rassembler ou de diviser les lots.

ORDRE DES VACATIONS

Mardi	22	novembre 1887	....	Nos	1 à 244
Mercredi	23	»	....		245 à 507
Jeudi	24	»	Vignettes, Ornements et Livres..................		508 à 796
Vendredi	25	»	Dessins et Miniatures.......		797 à la fin.
»	»	»	Gravures en lots.		

DÉSIGNATION

ESTAMPES

ADRESSES

1 — Recette pour la conservation de la santé et de la gloire des belles, depuis l'âge de 15 ans jusqu'à 25. Pièce in-4, avec légende. Rare.

2 — *Réclame*, formée d'un cartouche ornementé, au milieu duquel on lit : Insecte sorti des reins d'une dame par l'effet des eaux de Pouhon, représenté dans sa grandeur naturelle, gravé par Scotin l'aîné. Rare.

3 — A Saint-François. Nicolas Hinsant, maître miroitier, demeurant rue Saint-Denis, à Paris. 1704, in-4. Rare.

4 — Billet d'entrée pour la Comédie-Italienne, gravé par C. Baron, d'après Queverdo. Très belle épreuve. Rare.

5 — *Croisey*, ingénieur géographe. A Paris, rue Hautefeuille. Belle épreuve.

6 — Cadre ornementé pour servir de billet d'invitation de M. et Mme de Breunner. Belle épreuve. Rare.

ALIX (P.-M.)

7 — *Baptiste* aîné, dans *Robert, chef de brigands*. In-fol. en couleur. Très belle épreuve, marge.

ALKEN (H.)

8 — Hunting recollections, in a series of six plates, publiées à Londres en 1829. En couleur dans la couverture de publication. Très belles épreuves.

9 — My stud, in a series of six plates, from drawings by H. Alken. Londres, 1831. Suite de six pièces, avec titre, dans la couverture de publication, en couleur. Très belles épreuves.

ALKEN (d'après)

10 — Pigeon Match, — Sporting Meeting in the Highlands, deux pièces en couleur gravées par Clark. Belles épreuves.

ALMANACHS

11 — **1659**. La France ressuscitée par le remède envoyé du ciel au plus grand monarque de la terre pour la paix de son peuple et à la confusion de ses ennemis. Belle épreuve.

12 — **1671**. Le Miroir des vertus, représenté en la personne auguste et sacrée de Louis XIV Roy de France et de Navarre, montrant à toutes les puissances souveraines de la terre l'art et la manière de bien commander et d'heureusement régner. A Paris, chez la veuve Regnesson. Belle épreuve.

13 — **1706**. La Bataille de Cassano, gagnée par l'armée du Roy, commandée par M. le duc de Vandosme, sur les troupes impériales sous les ordres du prince Eugène de Savoye, le 16 aoust 1706. Chez Nicolas Langlois. Très belle épreuve.

14 — Hauts de thèses et d'almanachs des règnes de Louis XIII et Louis XIV. Dix pièces. Très belles épreuves.

ANONYMES

15 — Ecce homo, planche xylographique. Deux épreuves d'états différents. — Carte à jouer. Trois pièces.

16 — Lyon dans son lustre, pièce in-4. Belle épreuve. Rare.

ANONYMES

17 — La Réception du Roy. Pièce relative à la naissance du Dauphin, fils de Louis XIV. In-fol. en largeur. Très belle épreuve, marge.

18 — La Représentation de la Marche et Cérémonie faites, le 26 Mars, pour l'élévation de la statue du Roy de France Louis XIV, que M. le mareschal duc de la Feuillade a fait ériger en la place des Victoires à Paris, avec légende en bas. Belle épreuve.

19 — *Clément VIII*, pape. In-8. Très belle épreuve, marge.

20 — *Henri II*, Roy de France et de Naples. In-8. Belle épreuve. Rare.

21 — *La Valette* (Bernard de), admiral de France. In-8. Très belle épreuve, marge.

22 — *Marennes* (Antoine, sire de Pons, comte de). In-8. Très belle épreuve avant la lettre.

23 — *Scaramuzza*, représenté en buste dans un entourage composé de choux et légumes divers. Publié comme placard, avec légende en bas. Rare.

AUBERT (M.)

24 — *Louis XV*, Roy de France et de Navarre, d'après N. Le Sueur. In-fol. équestre. Belle épreuve.

AUDINET (P.)

25 — *Cléry* (J.-B.), dernier serviteur de Louis XVI, d'après Danloux. In-4. Très belle épreuve, marge.

AUDRAN (B.)

26 — *Molière* (J.-B. Poquelin de), d'après Mignard. In-8. Belle épreuve.

AUDRAN ET DAVID

27 — Église de l'Abbaye royale de Saint-Ouen de Rouen, veue du costé du midy. — Jubé de l'église de Saint-Ouen. Perspective du dedans de l'église de Saint-Ouen de Rouen. Trois pièces in-fol. Très belles épreuves, avec marges.

AULAGUIER

28 — Vue et perspective de la ville de Marseille et ses environs, prise du côté de la belle vue de la plaine Saint-Michel. Très grande planche en quatre feuilles. Manque une feuille pour que la vue soit complète.

BAILLIEUL

29 — Vue perspective de l'illumination de la rue de la Ferronnerie, du côté de la rue Saint-Denis, le 8 septembre 1745. Belle épreuve.

BALECHOU (J.-J.)

30 — *Aved* (Anne-Charlotte Gauthier de Loizerolle Mme), d'après Aved. In-fol. Très belle épreuve.

31 — *Brühl* (Henry, comte de), d'après Louis de Silvestre. In-fol. Très belle épreuve.

BARTOLOZZI (F.)

32 — *Cornwallis* (Ch. Earl of), d'après Hamilton. In-8. Belle épreuve avant la lettre.

33 — Their Royal Highnesses the Prince and princess of Wales, d'après H. de Janvry. In-4. Belle épreuve, marge.

34 — The Triumph of Beauty and Love, — Prudence and Beauty. Deux pièces d'après Cipriani. Très belles épreuves.

BAUDOUIN (d'après P.-A.)

35 — Allégorie (E. B., 1). Très belle épreuve.

36 — Le Soir, par de Ghendt. Belle épreuve.

BAUDOUIN (d'après P.-A.)

37 — La Soirée des Tuileries, par Simonet. Très belle épreuve, marge.

BAUSE (J.-F.)

38 — *Koch* (Christiane-Henriette), d'après Graff. In-fol. Très belle épreuve, marge.

BÉATRIZET (Nicolas)

39 — *Henri II*, roi de France (R. D., 40). Belle épreuve du deuxième état.

BEAUVARLET (J.-F.)

40 — Les Enfants du duc de Béthune, d'après Drouais. Belle épreuve.

BELLA (Stephanus della)

41 — Suite de Paysages et sujets de batailles, pièces sur la mort, etc. Vingt-huit pièces. Très belles épreuves.

BÉNARD

42 — Almanach de la Fortune, ou Agenda de la rue Quimquempoix, in-fol. Manque le calendrier.

BERTAUX (d'après)

43 — Le Charlatan français, par Helman. Très belle épreuve avant la dédicace, marge.

BLOOTELING et R. WILLIAMS

44 — *Portsmouth* (Louize, duchesse de), d'après P. Lely. — *Darby* (la comtesse de). Deux portraits in-4, en manière noire. Belles épreuves.

BONNART, BERAIN, MARIETTE, TROUVAIN, SAINT-JEAN, etc.

45 — Costumes pour le ballet : Le Triomphe de l'Amour. Quatre pièces, par Berain et Lepautre. Très belles épreuves. Rares.

BONNART, BERAIN, MARIETTE, TROUVAIN, SAINT-JEAN, ETC.

46 — Le Roy. — La Reyne. — Monsieur. — Femme de qualité en Grisette. — Homme de qualité en habit d'espée. — Femme de qualité en deshabillé, sortant du lit. — Femme de qualité en habit de chasse. — Femme de qualité étant à l'église. — Dame en habit de ville, etc. Vingt-trois pièces, portraits et costumes, par J.-D. de Saint-Jean. Très belles épreuves. Rares.

47 — Métiers et cris de Paris. — Costumes de seigneurs et dames de qualité, etc. Cent quinze pièces, publiées chez Bonnart, Trouvain, Mariette, de Larmessin, Arnoult, etc. Très belles épreuves.

48 — Portraits en pied du Roi Louis XIV, des Princes et Princesses de sa cour. — Rois et Reines, Princes et Guerriers des principaux États d'Europe. Cent quarante-huit pièces, publiées chez Bonnart, Mariette, Trouvain, Arnoult, B. Picart, etc. Très belles épreuves.

49 — Trente et une pièces doubles des précédentes. Très belles épreuves.

50 — Costumes pour le théâtre. Onze pièces. Belles preuves.

BOREL ((d'après)

51 — J'y passerai, par R. de Launay. Rare épreuve avant toute lettre, non entièrement terminée.

BOSSE (ABRAHAM)

52 — Judith met la tête d'Holopherne dans un sac que tient sa servante (G. D., 4). Belle épreuve.

53 — Le Jugement de Pâris. Pièce en forme d'éventail (1044). Superbe épreuve. Très rare.

54 — La Naissance, les Amours et la Mort d'Adonis. Pièce en forme d'éventail (1045). Superbe épreuve. Très rare.

55 — La Joye de la France (1226). Belle épreuve.

BOSSE (Abraham)

56 — La Fortune de la France (1227). Belle épreuve, avec l'adresse de Le Blond.

57 — Louis XIII représenté sous la figure d'Hercule (1241). Belle épreuve.

58 — L'Infirmerie de l'hôpital de la Charité de Paris (1266). — L'Étude du procureur. — Le Peintre. — Visite à l'accouchée. — Le Cordonnier, etc. Neuf pièces.

59 — L'Hôtel de Bourgogne (1269). Très belle épreuve, avec l'adresse de Le Blond, marge.

60 — Le Bal (G. D., 1400). Très belle épreuve avant la lettre.

BOUCHER (d'après F.)

61 — *Favart* (Mme) dans : Ninette à la cour. In-8. Épreuve avant le numéro.

BOUCHER, LANCRET, LAURIN et VLEUGHELS (d'après)

62 — La Courtisane amoureuse. — Le Petit chien qui secoue de l'argent et des pierreries. — L'Anneau de Hans Carvel. — Frère Luce. — Le Villageois qui cherche son veau. Cinq pièces, gravées par de Larmessin. Belles épreuves.

BOYVIN (René)

63 — Henri II, roi de France, d'après Luc Penni (R. D., 106). Superbe épreuve du premier état. Très rare.

BRADEL (P.-J.-B.)

64 — *Eon de Beaumont* (la chevalière d'). In-fol. Belle épreuve, marge.

CALLOT (J.)

65 — Son portrait, gravé par Abraham Bosse (G. D., 1234). Très belle épreuve, marge.

66 — La Passion de Notre-Seigneur (M., 19-30). Suite de douze estampes. Très belles épreuves du premier état, marge.

CALLOT (J.)

67 — Le Martyre de saint Sébastien (M., 137). Très belle épreuve du premier état.

68 — Lux claustri. La Lumière du cloître. Suite de vingt-sept pièces. Très belles épreuves, toutes marges.

69 — Combat à la barrière. Suite de dix pièces, y compris le titre (M., 492-502). Très belles épreuves. Le titre, seule pièce de la suite où il y ait des différences, est du premier état.

70 — La Carrière ou la Rue-Neuve-de-Nancy (621). Très belle épreuve du premier état, marge.

71 — Le Jeu de boules ou la Foire de Gondreville (623). Très belle épreuve du premier état. Un peu déchirée dans le haut à gauche.

72 — Les Trois pantalons (M., 627-629). Très belles épreuves. Le Cassandre est du premier état. Pour les autres, il n'y a pas de différence.

73 — Les Supplices (665). Belle épreuve.

74 — Les Caprices. Suite de cinquante pièces dont nous n'avons que quarante-trois (M., 768-867). Très belles épreuves, avec marges.

CAMPAGNOLA (Jules)

75 — Jésus et la Femme Samaritaine (B., 2). Très belle épreuve.

CARÊME (d'après)

76 — La Colombe chérie, par Flipart. Belle épreuve.

CARICATURES

77 — Caricatures parisiennes. Le Suprême bon ton. — Musée grotesque, etc. Quinze pièces.

CARICATURES

78 — Caricatures politiques sur Napoléon Ier, Cambacérès, Louis XVIII, Charles X, le duc de Berry, etc. Vingt et une pièces.

79 — La Parade du boulevard du Temple à Paris. — Les Observateurs de la comète, près le Château-d'Eau, boulevard Saint-Martin en 1811. — Le Déjeuner du dimanche. — Sujets tirés du *Bon Genre,* etc. Huit pièces.

CARMONTELLE (d'après L.-C. DE)

80 — *Lany* (Louise-Magdelène), pensionnaire du Roi. In-fol. Belle épreuve.

CARRÉE

81 — Vue perspective de la Fontaine des Innocents, en couleur. Belle épreuve.

CASTEL

82 — **Legros**, musicien. In-4. Belle épreuve. Rare.

CATHELIN (L.-J.)

83 — *Jeliotte* (Pierre), chanteur, d'après L. Tocqué. In-fol. Superbe épreuve avant la lettre, toute marge.

84 — *Marie-Thérèse*, impératrice, d'aprés Ducreux. In-fol. Belle épreuve, marge.

CATHELIN ET Mlle BOIZOT

85 — *Artois* (Charles-Philippe, comte d'). Deux portraits différents, d'après Frédou et Boizot. In-fol. Belles épreuves.

CECIL (TH.)

86 — *Talbot* (Jean), comte de Salop, grand maréchal d'Angleterre en France. In-8. Très belle épreuve. Rare.

CHARDIN (d'après J.-B.-S.)

87 — La Pourvoieuse, par... Belle épreuve.

CHARPIGNON (C.)

88 — Sully (Charlotte Séguier, duchesse de). In-8. Belle épreuve, marge.

CHARLET

89 — Partie de son œuvre en cent onze pièces. Belles épreuves.

CHASTILLON (C.)

90 — Vues des villes et châteaux de France. Cent neuf pièces. Très belles épreuves.

CHAUFOURIER (J.)

91 — Veue de la ville de Paris du côté de l'Isle Notre-Dame. Deux épreuves, dont une avant toutes lettres.

CHÉREAU (F.)

92 — *Pecour* (Louis), d'après R. Tournière. In-fol. Très belle épreuve, marge.

CHÉREAU ET VAN SCHUPPEN

93 — *Sévigné* (Marie de Rabutin-Chantal, marquise de). — *Deshoulières* (Mme). Deux portraits in-8. Belles épreuves.

CHÉRON (E.-S.)

94 — *Cheron* (Élisabeth-Sophie), dessiné et gravé par elle-même. In-8. Belle épreuve.

CHEVILLET

95 — *Washington*, d'après Bounieu. In-fol. Très belle épreuve.

CHODOWIECKI (D.)

96 — Cabinet d'un peintre. Belle épreuve.

CHOFFARD (P.-P.)

97 — *La Rochefoucauld* (Franç. VI, duc de), d'après Petitot. Très belle épreuve, marge.

98 — *Rossel* (Elisabeth-Paul-Édouard de), directeur du Dépôt de la marine. In-8. Très belle épreuve avant la lettre.

COCHIN (NICOLAS)

99 — Histoire de l'Enfant prodigue. Suite de quatre pièces, en largeur. Très belles épreuves, grandes marges.

COCHIN (d'après C.-N.)

100 — Concours pour le prix de l'Etude des têtes et de l'Expression, par J.-J. Flipart. Très belle épreuve, marge.

COIFFURES

101 — Mlle des Faveurs à la promenade à Londres, — Very good of night Cap, — Ridiculons taste or the ladies absurdity. Trois pièces. Belles épreuves.

COQUART (A.)

102 — Plans de Paris du traité de la Police. Suite de huit pièces. Très belles épreuves avec marge.

COSTUMES

103 — Costumes de femmes suisses, canton de Berne, en couleur. Cinq pièces.

104 — Costumes et coeffures, par Saint-Aubin, Desrais, Depain, Watteau, B. Picart, etc. Trente-deux pièces en noir et en couleur.

105 — Les Métiers de Paris, — Travestissements, — Costumes normands, etc. Quarante-deux pièces, par Lante et Gatine, en couleur.

COSWAY (d'après R.)

106 — *Cosway* (M[rs]), par Schiavonetti. In-8, superbe épreuve, toute marge.

107 — *Cosway* (R.), — *Cosway* (Maria). Deux portraits in-4, faisant pendants, gravés par Bova et Playter. Belles épreuves.

COUTELLIER

108 — *Contat* (Mlle), de la Comédie-Française, dans le rôle de Suzanne du *Mariage de Figaro*. In-4, en couleur. Très belle épreuve.

COUVAY (J.)

109 — *Marie Stuart*, reine d'Écosse. In-fol. Belle épreuve.

COYPEL (Ant.)

110 — Le petit Portrait de la Voisin (R. D., 14). Belle épreuve avant l'inscription au-dessous des vers.

COYPEL (d'après Ch.)

111 — Sujets tirés des comédies de Molière : *Monsieur de Pourceaugnac*, — *l'Escole des femmes*. Deux pièces, gravées par Joullain. Très belles épreuves, marge.

CROISIER (Marie-A.)

112 — *Orléans* (Louis Philippe d'), *Orléans* (L. Ph. Joseph d'), dit Philippe-Égalité et la Princesse, sa femme, représentés en buste sur une même feuille, avec cette légende : Un bon prince est aimé jusque dans ses enfants. In-8. Très belle épreuve.

CURTY

113 — Attentat à la vie de Sa Majesté Louis Philippe, roi des Français, dans la journée du 28 juillet 1835. Belle épreuve.

DAVID (H.)

114 — *Charles Ier*, roi d'Angleterre, — *Henriette-Marie* de France, reine d'Angleterre. Deux portraits in-fol. équestres, faisant pendants. Très belles épreuves.

DAULLÉ (J.)

115 — *Baschi* (Charles de), marquis d'Aubaïs, d'après Peroneau, — *Orléans* (Louis, duc d'), d'après Coypel. Deux portraits in-fol. Belles épreuves.

116 — *Mignard* (Catherine), comtesse de Feuquière, d'après Mignard. In-fol. Belle épreuve.

117 — *Pélissier* (Mlle), actrice, d'après Drouais. Très belle épreuve, marge.

DAWE (d'après G.)

118 — Miss *O'Neill*. In-fol. en pied. Épreuve avant toutes lettres.

119 — Miss *O'Neill* in the Character of Juliet, par G. Maile. In-fol. en pied. Belle épreuve.

DEBUCOURT (P.-L.)

120 — Berceau de Paul et Virginie, — Les Premiers pas de Paul et Virginie. Deux pièces faisant pendants. Très belles épreuves avant la lettre (lettres tracées).

DELAUNE (Étienne)

121 — *Guise* (François de Lorraine, duc de), père du Balafré. In-8. Pièce anonyme non décrite. Très belle épreuve.

DE LONGUEIL

122 — *Marie-Antoine*, représentée assise au milieu de figures allégoriques, d'après Cochin. In-fol. Très belle épreuve, marge.

DEMARTEAU

123 — La Sultane, d'après Courtois (339), — *Cotte* (Jules François de), d'après Caresme (490). Deux pièces. Belles épreuves.

DE ROCHEBRUNE

124 — Façade orientale du château de Chambord, — Abside de l'église Notre-Dame de Paris. Deux pièces. Très belles épreuves; la seconde est avant la lettre.

DESFOSSÉS (d'après M.)

125 — La Reine annonçant à Mme de Bellegarde, des juges et la liberté de son mari, gravé par J. Duclos. Très belle épreuve avant la lettre.

DESHAYES

126 — Vue de la Promenade du boulevard du côté de la Porte du Temple à Paris. In-4 en largeur. Belle épreuve.

DESPLACES (Louis)

127 — *Duclos* (Mlle), d'après N. de Largilllière. In-fol. Belle épreuve.

DESROCHERS (E.)

128 — *Fillon* (Mlle), dite la Présidente, fameuse proxénète. In-8. Belle épreuve. marge.

DEVAUX

129 — *Laruette* (Marie-Thérèse de Villette Mme), d'après Simonet. In-fol. en pied. Très belle épreuve, marge.

DIGHTON (R.)

130 — Portraits en pied de personnages célèbres anglais, publiés en 1819-1820 et 1821. En couleur. Trente-huit pièces.

DIVERS

131 — Costumes alsaciens, principalement Strasbourgeois, et Vues de la cathédrale de Strasbourg. Trente-quatre pièces.

132 — Eaux-fortes modernes, par Ribot, J. Laurens, Queroy, Jongkind, Pastelot, Allard Cambray, Appian, Mlle Niel, Édourd Sain, A. Gautier, etc. Dix-huit pièces, en partie avant la lettre.

133 — François Ier, — Élizabeth, reine d'Angleterre, — Charles IX, — Clément Marot, — P. de Renol, — Mathurin Regnier, — Malherbe, — Rabelais, etç. Dix portraits in-8 et in-4. Belles épreuves.

134 — *Montesquieu*. Six portraits, par Saint-Aubin, de Villiers, Littret et Muller. Trois sont avant la lettre ou à l'eau-forte.

135 — Portraits et sujets relatifs à Voltaire. Quinze pièces. Belles épreuves.

136 — *Richelieu* (le cardinal de). Cinq portraits différents, par Rousselet, Mellan et autres. Belles épreuves.

DIVERS

137 — Vues de Paris et des environs, par Marot, Perelle, Silvestre, Flamen, Gueroult Dupas, etc. Cinquante-sept pièces.

138 — Plans et vues de la ville de Paris. Sept pièces.

DREVET (P.)

139 — *Boileau-Despréaux*, d'après F. de Troy. In-4. — *Félibien* (André), d'après Le Brun. In-4. Deux pièces.

140 — *Dangeau* (Phil., marquis de), d'après H. Rigaud. In-fol. Belle épreuve.

141 — *Humières* (Anne-Louise de Crevant d'), abbesse et réformatrice de l'abbaye de Monchy. In-8. Belle épreuve. Rare.

142 — *Lambert* (Madame), d'après N. de Largillière. In-fol. Très belle épreuve, marge.

143 — *Le Peletier* (Ch.), ministre d'État, d'après Mignard. In-fol. Très belle épreuve.

144 — *Louis XIV*, à mi-corps, d'après Rigaud. In-fol. Belle épreuve.

145 — *Portail* (Ant.), premier président au Parlement de Paris, d'après R. Tournières. In-fol. Très belle épreuve. marge.

146 — *Rancé* (l'abbé de), réformateur de la Trappe, d'après Rigaud. In-8. Belle épreuve. Rare.

147 — *Toulouse* (Louis-Alexandre de Bourbon, comte de), d'après Rigaud. In-fol. Belle épreuve du premier état, avec deux ancres.

DREVET (P.-J.)

148 — *Bernard* (Samuel), d'après H. Rigaud. In-fol. Belle épreuve avant les mots : Conseiller d'État; plus une épreuve avec ces mots. Deux pièces.

DREVET (P.-J)

149 — *Cisternay du Fay*, d'après Rigaud. In-8. — *Orléans* (Louis d'), d'après Ch. Coypel. In-4. — *Sainte Marthe* (Denis de), d'après J. Cazes. In-fol. Trois pièces. Belles épreuves.

150 — *Cisternay du Fay* (Ch. J. de), d'après H. Rigaud. Belle épreuve.

151 — *Dubois* (le cardinal Guill.), d'après H. Rigaud. In-fol. Belle épreuve.

152 — *Orléans* (Elisabeth-Charlotte de Bavière, duchesse d'), d'après Rigaud. In-8. Belle épreuve avant le texte au verso.

DUBUISSON (P.-P.)

153 — Les Noms, Armes et Blasons de nos seigneurs les Archevêques qui composent le clergé de France en la présente année 1769, et ceux des Généraux des ordres et Grands Prieurs de France. In-fol.

DUCHANGE (Gaspard)

154 — *Legras* (Mme), fondatrice de l'ordre des Sœurs grises. In-fol. Très belle épreuve, toutes marges.

DUFLOS (Cl.)

155 — *Berain* (Jean), d'après Vivien. In-fol. Très belle épreuve.

DUPIN

156 — *Contat* (Mlle) dans le rôle de Suzanne du *Mariage de Figaro*. In-8, d'après Desrais. Très belle épreuve avant le numéro, toute marge.

DUPLESSIS-BERTAUX

157 — Répertoire du Théâtre Français. (Affiches). Trois pièces différentes. Belles épreuves.

DUPLESSIS-BERTAUX (d'après)

158 — Charlatan sur une place publique à Paris. Pièce in-4 de forme ronde. Superbe épreuve avant toute lettre. Rare.

DURER (Albert)

159 — Adam et Eve, — L'Enlèvement d'Amymone, — Le Cheval de la mort. Trois pièces. Copies.

160 — La Face de Jésus-Christ (B., 26), — Saint Sébastien attaché à un arbre (B. 55). Deux pièces.

161 — La Face de Jésus-Christ (B., 25). Belle épreuve.

EDELINCK (G.)

162 — L'Ostensoir (R. D., 18). Belle épreuve.

163 — *Arnauld* (Ant.), d'après Champaigne (R. D., 141), — *Blaisy* (George Joly, baron de) (152), — *Descartes* (René), d'après Hals (181), — *Du Metz* (Gédéon Berbier), d'après Rigaud (190). Quatre portraits. Belles épreuves.

164 — *Colbert* (Jean-Baptiste), ministre d'Etat (R. D., 171). Très belles épreuves.

165 — *Epernon* (Anne-Louise-Christine de Foix de La Valette d'). Deux portraits différents (R. D., 195 et 196). Très belles épreuves.

166 — *Epernon* (Anne-Louise-Christine de Foix de La Valette d') (195), — *Feuillet* (Nicolas (204), — *Fléchier* (Esprit), d'après Rigaud (205), — *Gherardi* (Evariste) (214), *Gourville* (Jean. Hérault de) (218). Cinq pièces. Belles épreuves.

166 *bis* — *Guillieaumon* (Jean-François), d'après Vivien. In-fol. Belle épreuve.

167 — *Le Brun* (Ch.), d'après N. de Largillière (R. D., 238). Très belle épreuve.

168 — *Le Tellier* (Michel) (244), — *Le Tellier* (Charles-Maurice) (245), — *Louis XIV* (256), — *Parfaict* (Nicolas (288), — *Simon* (P.) (320). Cinq pièces. Belles épreuves.

EDELINCK (G.)

169 — *Louis XIV*, roi de France, d'après Nanteuil. Buste plus fort que nature (R. D., 257). Superbe épreuve. Rare.

170 — *Sainte-Marthe* (Claude de) (308),— *Savary* (J.) (314),— *Tallemant* (Paul) (324). Trois portraits. Belles épreuves.

171 — *Silvestre* (Israël), d'après Ch. Le Brun (R. D., 319). Belle épreuve.

172 — *Vassé* (Françoise de), prieure du monastère de Saint-Gervais) (334), — *Werguignœul* (révérende dame Florence de) (359). Deux pièces. Très belles épreuves.

173 — *Vincent de Paul* (Saint), d'après Simon François (R. D., 338). Belle épreuve.

174 — Portraits tirés des hommes illustres de Perrault. Dix-huit pièces in-fol. Très belles épreuves.

ELLUIN

175 — *La Ruette* (Jean-Louis), comédien, — *La Ruette* (Marie-Thérèse Villette, Mme), comédienne. Deux portraits in-4, d'après Le Clerc. Belles épreuves.

ÉCOLE FRANÇAISE DU XVIIIe SIÈCLE

176 — La Boutique du coiffeur. Pièce in-4 en largeur. Epreuve à l'état d'eau-forte.

177 — La Courtisanne amoureuse, — L'Avanturière, — Les Garants de la félicité publique, — Vue du château de Madrid et du pavillon de Bagatelle, près de Paris, etc. Onze pièces d'après Boucher, Watteau, Saint-Quentin, etc.

178 — Les Ramiers, —L'Age d'or et l'Age d'argent, où régnèrent l'innocence et la justice, — Le Serment à la mode, — Sujets d'opéra-comique. Cinq pièces, d'après Desrais, Eisen et Martinet. Belles épreuves.

FALCK (J.)

179 — *Duglasio* (R.), — *Hommerstein*, — *Geer* (L. de), — *Brahé* (A.), — *Kydes* (le baron de), — *Radzivil* (le prince). Sept portraits in-fol., dont un double. Très belles épreuves.

F. C.

180 — Halle au poisson à Paris; dans le fond, le marché au pain. Epoque Louis XIII. Rare.

FESSARD (ÉT.)

181 — Mort de Pouple, chirurgien de M. de Voltaire. Belle épreuve.

FICQUET (ÉTIENNE)

182 — *Ariosto* (Lodovico), d'après Titien (faucheux 4). Superbe épreuve avant la lettre, toutes marges.

183 — *Crébillon* (Prosper Jolyot de), d'après Aved. (f. 37). Belle épreuve.

184 — *Descartes* (René), d'après Fr. Hals (f. 39). Belle épreuve.

185 — *Eisen* (Ch.), d'après Visprė (f. 58). Très belle épreuve. Marge.

186 — Le même portrait. Très belle épreuve.

187 — *La Fontaine* (Jean de), d'après Rigaud (62). Très belle épreuve.

188 — *La Mothe Le Vayer* (Fr. de), d'après R. Nanteuil (Fr. 84). Belle épreuve avant les noms des artistes.

189 — *Louis XV*, roy de France. Belle épreuve. Rare.

190 — *Maintenon* (Françoise d'Aubigné, marquise de), d'après Mignard. Belle épreuve sur papier double.

191 — *Montaigne* (Michel de), d'après Dumoustier (f., 102). Belle épreuve.

192 — *Prévost* (l'abbé), d'après G.-F. Schmidt (f. 118). Premier état non décrit, avant toutes lettres.

FICQUET (Étienne)

193 — *Regnard* (Jean-Fr.), d'après Rigaud (122). Très belle épreuve du deuxième état, avant la lettre.

194 — Le même portrait. Belle épreuve.

195 — *Rousseau* (Jean-Jacques), d'après De la Tour (132). Superbe et très rare épreuve du troisième état, avant toutes lettres. Les ornements sont à l'eau-forte. Marge.

196 — *Saugrain* (Guill.-Cl), libraire (f. 135). Belle épreuve.

FLAMEN (Albert)

197 — Livre d'oiseaux (R. D., 402-413). Suite de douze estampes dont nous n'avons que neuf. Belles épreuves du premier état.

FOREST (E.)

198 — Musée populaire. Six pièces coloriées.

FRUSSOTTE

199 — Le Chaudronnier, scène d'opéra-comique. Très belle épreuve.

GATINE 1795

200 — Encadrement de glace avec armoiries en haut. In-4. Très belle épreuve.

GAUCHER (Ch.-Ét.)

201 — *Marie-Antoinette*, d'après J.-M. Moreau, pour les *Annales de Marie-Thérèse*. Très belle épreuve.

GAULTIER (Léonard)

202 — L'Adoration des mages. Les rois mages, arrivant de la gauche, sont représentés par les enfants de France, suivis du roi Henri IV et des seigneurs de la cour. A droite, la reine Marie de Médicis avec ses enfants, suivie de ses dames d'honneur. Pièce très curieuse, en forme de frise. Très belle épreuve.

GAULTIER (Léonard)

203 — Pourtraictz de plusieurs hommes illustres qui ont flory en France depuis l'an 1500 jusques a present. Suite de cent quarante-quatre portraits, connue sous le nom de Chronologie collée. Collection rare, et d'autant plus intéressante qu'on ne connaît point d'autres portraits de certains personnages. Superbes épreuves.

204 — *Amyot* (Jacques), évêque d'Auxerre. — *Charron* (Pierre). Deux portraits in-8. Belles épreuves.

205 — Les mêmes portraits. Belles épreuves.

206 — *Arc* (Jeanne d'). In-8. Très belle épreuve, marge.

207 — Le même portrait. Très belle épreuve.

208 — *Henri IV* en prière. — *Henri IV* à cheval. — *Louis XIII* en prière. Trois portraits in-8. Belles épreuves.

209 — *Camus* (Jean-Pierre), évêque de Belley. — *Charron* (Pierre). Deux portraits in-8. Belles épreuves.

210 — *Charles*, cardinal de *Bourbon*, archevêque de Rouen. In-8. Très belle épreuve.

211 — *Charron* (Pierre). — *Gondy* (H. de), évêque de Paris. Deux portraits in-8; un est double. Trois pièces.

212 — *Chenu* (Jean), avocat au Parlement. Très belle épreuve.

213 — Le même portrait. Très belle épreuve, marge.

214 — *Condé* (Henri de Bourbon, prince de). Deux portraits in-8, l'un gravé en 1604, l'autre en 1612. Très belles épreuves.

215 — *Faber* (Nicolas). — Guy Du *Faur*, seigneur de Pybrac. — *Fauchet* (Claude). — *Gamaches* (Ph. de). Cinq portraits in-8 et in-4, dont un double. Belles épreuves.

216 — *Gondy* (Henri de), évêque de Paris. — *Hecre* (Nicolas de), doyen de Saint-Aignan. — *Henri IV*, roi de France. — *Longueville* (Henri d'Orléans, duc de). Quatre portraits in-8. Belles épreuves.

GAULTIER (Léonard)

217 — *Masson* (Papire), avocat au Parlement. — *Pasquier* (Etienne). — *Petit* (Ludovicus). Trois portraits in-8 et in-4. Très belles épreuves.

218 — *Stuart* (Marie), reine d'Ecosse. In-8. Très belle épreuve, marge.

219 — Vue de Paris à vol d'oiseau en 1611. Belle épreuve.

GHEYN (J. de)

220 — Les Habillements des officiers et soldats d'un régiment d'infanterie des Pays-Bas. Suite de douze estampes d'après Goltzius (B., 1-12). Très belles épreuves.

221 — *Condé* (Henri de Bourbon, prince de). In-8. Très belle épreuve.

GILLOT (Claude)

222 — L'œuvre du maître en cinquante-trois pièces. Pourra être divisée.

GIRARDET

223 — Champ de Mai (4 juin 1815). Belle épreuve.

GOMBOUST (J.)

224 — Plan de la ville de Rouen, en six planches, publié à Rouen en 1873-1875.

GONCOURT (J. de)

225 — Eaux-fortes d'après Prud'hon, Boucher, Watteau, Saint-Aubin, etc. Sept pièces. Très belles épreuves.

GOURMONT (J. de)

226 — *Charles*, cardinal de *Bourbon*, cousin germain d'Henri IV. In-8. Très belle épreuve. Rare.

GREUZE (d'après J.-B.)

227 — L'Éducation d'un jeune Savoyard, par J. Aliamet. Belle épreuve, marge.

GREUZE (d'après J.-B.)

228 — La Jeune fille au capucin, par P.-C. Ingouf. Très belle épreuve, marge.

229 — L'Oiseau mort, par Flipart. Superbe épreuve avant toutes lettres, non entièrement terminée; le cartouche est blanc et les armes qui se voient au milieu ne sont indiquées qu'au trait. Signée au verso : Greuze et Flipart. Très rare.

GUÉRARD (N.)

230 — Bacchanal et divertissements des environs de Paris. — L'Embarras de Paris (le Pont-Neuf veu du côté de la rue Dauphine). Deux pièces faisant pendants. Très belles épreuves.

HAID (J.-J.)

231 — *Prusse* (Fréderica-Sophia-Guilielma, princesse de). In-fol., en manière noire. Très belle épreuve.

HALBECK (Johann Van)

232 — Le Sacre et couronnement du Roy très chrestien Louis XIII, roy de France et de Navarre, célébré à Reims le Dimanche dix-septième octobre 1610. Superbe et très rare épreuve avec la légende explicative.

HARLOW et **DE WILDE** (d'après)

233 — Mr Mathews, par Henry Meyer. — Mr Bannister and Mr Parsons, par J.-R. Smith. Deux pièces gravées à la manière noire. Très belles épreuves.

HARRIET (d'après)

234 — Le Thé parisien ou le Suprême bon ton au commencement du XIXe siècle, gravé par A. Godefroy. Belle épreuve.

HAWARD (F.)

235 — *Eon de Beaumont* (la chevalière d'), d'après Kaufman. In-fol. Très belle épreuve, marge. Plus : le même personnage gravé par Le Beau, d'après Desrais. In-8. Deux pièces.

HAWARD (F.)

236 — Le même portrait. Très belle épreuve.

HUET (Paul)

237 — Paysages. Sept pièces gravées à l'eau-forte. Très belles épreuves avant la lettre, sur chine.

HUET (d'après J.-B.)

238 — Le Maître de musique, par Legrand. Très belle épreuve, marge.

239 — Le Petit Château de cartes. — La Bonne Chienne. — La Bouillie aux chats. — Le Petit Sabot. — La Petite Attaque ou la Petite Bastille. — Départ pour le siège de la Bastille. — Le Point d'honneur ou le Petit Duel. — La Sœur donne les étrennes à son frère. — Le Jeu du Ballon. — Le Jeu de Tami. — Le Jeu de Volant. — Le Jeu de Quilles. — Le Jeu de Cerbocalle. — La Peinture. — L'Architecture. Quinze pièces, sujets d'enfants, gravées par Bonnet, en couleur. Très belles épreuves.

240 — Le Soir, par Bonnet, en couleur. Belle épreuve, marge.

241 — La Troupe ambulante des rues de Paris, gravé en couleur par Bonnet. Belle épreuve.

INCROYABLES

242 — L'Inconvénient des perruques. — Quel est le plus ridicule ? etc Quatre pièces.

INGOUF et FLIPART

243 — *Flipart* (J.-J.). — *Greuze* (J.-B.), d'après lui-même. Deux portraits in-4. Belles épreuves.

JACQUARD (A.)

244 — *Nesmond* (André de), premier président de Bordeaux. In-8. Très belle épreuve avec marge. Rare.

JACQUEMART (J.)

245 — Tryptique allemand du XIIe siècle, de la collection du prince Soltikoff (3). Deux épreuves, dont une avant la lettre.

246 — Vase hispano-moresque, faïence de la collection de M. le baron de Rothschild (4). Deux épreuves, dites d'artiste, avant toute lettre; une est tirée sur vieux papier.

247 — Aiguière à grotesques d'Urbino (5). — Vase à boire, argent et vermeil (7). — Planches tirées de l'*Histoire de la porcelaine et de la céramique* d'Albert Jacquemart. Six pièces, dont cinq avant la lettre.

248 — Vénus marine, bas-relief en bronze italien de la Renaissance, de la collection de M. Thiers (6). Épreuve avant la lettre.

249 — Bijoux antiques de la collection Campana (10 et 11). Deux pièces. Très belles épreuves avant la lettre, grand papier.

250 — Médailles grecques. Collection de M. le duc de Luynes (12). Deux épreuves de premier état, avant la lettre.

251 — Vase chinois en émail cloisonné, collection de M. le duc de Morny (13). Quatre épreuves : premier état, avant la signature; trois épreuves du deuxième état avec la signature, mais avant la lettre; une est sur chine.

252 — Objets curieux de la Chine et de la Perse (14). Deux épreuves avant la lettre.

253 — Buste de Henri III, bronze de Germain Pilon, de la collection Pourtalès (15). Epreuve avant la lettre.

254 — Minerve de Besançon, bronze de la collection Pourtalès (16). Deux épreuves : premier état, avant la signature de l'artiste; deuxième, avec la signature.

255 — Bijoux polonais de la collection du prince Czartoryski (20). Deux épreuves, dont une du deuxième état avant la lettre.

JACQUEMART (J.)

256 — Armes du seizième siècle. Collection de M. Spitzer (22). Deux épreuves : deuxième état, avant la lettre, et troisième état, avec la lettre.

257 — Guy Mergey. Bois sculpté du seizième siècle, de la collection de M. le marquis de Laborde (26). Trois épreuves avant la lettre, des deuxième, troisième et quatrième états.

258 — La Canne de M. de Balzac (27). Epreuve du premier état à l'eau-forte pure.

259 — Le Cabinet des médailles (30). Deux épreuves avant la lettre.

260 — Le Soldat et la Fillette qui rit, d'après Van der Meer de Delft (268). Deux épreuves avec la lettre, cinquième et sixième états.

261 — Wilhem van Heythuysen, d'après Franz Hals (269). Epreuve du troisième état, avant la lettre et la signature de l'artiste.

262 — Portrait de Rembrandt, collection de M. Double (270). Epreuve avant la lettre.

263 — The metropolitan museum of art. Etchings of pictures in the metropolitan museum. New-York Etched by Jules Jacquemart. London, P. and D. Colnaghi, 1871. In-fol. Suite de douze planches et un titre, d'après des peintures du musée de New-York (271-284). Très belles épreuves de premier tirage, avant la lettre, sur papier de Hollande. Manque deux pièces pour que la suite soit complète.

264 — La Sorcière Hill Robb, d'après Franz Hals (372). Epreuve avant la lettre.

265 — Berghem (273). Deux épreuves : premier état, à l'eau-forte pure ; deuxième état, avant la signature de l'artiste.

266 — Kalf (274). Epreuve du troisième état avant la lettre.

JACQUEMART (J.)

267 — Portrait d'homme d'après A. de Vries (280). — Portrait d'homme, d'après Van der Helst (281). Deux pièces. Epreuves avant la lettre; la seconde est aussi avant la signature de l'artiste.

268 — La Musique, d'après Van der Helst (282). Epreuve du deuxième état avant la signature de l'artiste; le cuivre plus grand.

269 — Le Bourgmestre de Leyde et sa Femme, d'après Carl de Moor (283). Deux épreuves avant la lettre, dont une avant la signature de l'artiste.

270 — Chasse à courre, d'après Fyt (288). Trois épreuves d'essai de la planche terminée.

271 — Marine, d'après Van Cappelle (293). Trois épreuves : premier état, à l'eau-forte pure ; deuxième avant la signature de l'artiste; troisième, avec la signature.

272 — L'Orage, d'après Greuze (294). Deux épreuves : premier état, à l'eau-forte pure; deuxième état, avant la lettre, avec la signature de l'artiste.

273 — Le Moerdyck, d'après Van Goyen (295). Trois épreuves : deuxième et troisième états, avant la signature, et quatrième état, avec la signature de l'artiste.

274 — Scène espagnole, d'après Goya (311). Deux épreuves: premier état, avant la signature de l'artiste; deuxième état, avec la signature, sur chine.

275 — Défilé des populations lorraines devant Sa Majesté l'Impératrice, à Nancy, d'après le dessin de Meissonnier (312). Epreuve avant la lettre.

276 — Tête de Christ, d'après Léonard de Vinci (315). Deux épreuves : deuxième état, avant la signature, le cuivre non encore coupé, et troisième état, avant le tirage de la *Gazette des Beaux-Arts*.

JACQUEMART (J.)

277 — Octavie, d'après un camée de la collection de M. le baron Roger (316). Deux épreuves du troisième état, avec la signature de l'artiste.

278 — Huit études et compositions de fleurs (318-326). Suite complète en épreuves du premier état, avant toutes lettres.

279 — Souvenirs de voyage (329). Deux épreuves, dont une du premier état, avant toutes lettres.

280 — L'Écureuil et la Mouche (330). Deux épreuves : deuxième état, avec la légende légèrement tracée, portant le bon à tirer avec la signature de l'artiste ; quatrième état, avec la lettre.

281 — Le Bibliophile amoureux (336). Belle épreuve, sur vélin.

282 — Les Éléments, suite de six pièces dont un titre et un frontispice (342-347). Très belles épreuves du premier état, avant le nom de l'imprimeur.

283 — Ex libris de la Bibliothèque du château d'Aramon (355), — Cartouche d'ornements aux initiales C. D. F. (356), — Médailles d'ornements (357 à 365). Quinze pièces, imprimées à deux sur une même feuille.

284 — Portrait de Jules Jacquemart (368). Belle épreuve.

285 — Portrait d'Auguste Delatre, imprimeur (369). Rare.

286 — Portrait de T. Thoré (374). Epreuve avant la lettre.

287 — Sir Richard Wallace (376). Epreuve avant la lettre.

288 — Portrait d'Albert Jacquemart (391). Deux épreuves avant la lettre, dont une sur papier du Japon.

289 — Cuiller en argenterie artistique de M. Tiphany (394). Deux épreuves : premier état, à l'eau-forte pure, avant la signature ; deuxième état, avec la signature.

JACQUEMART (J.)

290 — Bijoux antiques de la collection Campana, — Médailles grecques du cabinet de M. le duc de Luynes, — Portraits, etc. Sept pièces, dont quatre avant la lettre.

JAZET

291 — Bivouac des Cosaques aux Champs-Elysées, à Paris, le 31 mars 1814, d'après Sauerweid, en couleur. Très belle épreuve, marge.

KAERIUS (Petrus), excudit

292 — Procession de la Ligue, à Paris, en 1593. Grand in-fol. en largeur. Superbe épreuve avant l'adresse de Kaerius. En bas est ajoutée une autre composition sur le même sujet, en forme de frise. Deux pièces.

293 — La même composition, en plus grand. Très belle épreuve. Rare.

KINNARD (d'après W.)

294 — Triumphal Arch proposed to be erected at Hyde-Park Corner commemorative of the victories achieved by the *British Arms* during the reign of his Majesty King George the third. Grande pièce en couleur, gravée par Atkinson, Baster et Havell. Très belle épreuve.

KLAUBER

295 — *Kourakin* (le prince Alexandre), d'après Baravikowsky, in-fol. Belle épreuve.

LA GARDETTE (P.-C. de)

296 — Bibliothèque de Sainte-Geneviève. Pièce in-fol. en largeur. Deux épreuves, dont une avant toutes lettres.

LAGNIET

297 — Proverbes. Six pièces.

LA HOUE (P. DE) excudit

298 — *Montpensier* (Henri, duc de). In-8. Très belle épreuve, marge.

LA JOUE (J. DE)

299 — Ecran ; au milieu, une scène de comédie. In-4. Très belle épreuve.

LALLEMAND ET LESPINASSE (d'après)

300 — Vues de la Franche-Comté, tirées du voyage en France de Delaborde. Vingt pièces, plusieurs sont avant la lettre.

LANDRY (P.)

301 — *Ari* (J.), — *Brulart de Genlis* (Ch.), — *Harcourt* (l'abbé d'), — *Lescuyer* (François). Quatre portraits in-folio. Très belles épreuves.

302 — *Brunyer* (Abel), médecin. In-folio. Très belle épreuve.

LASNE (MICHEL)

303 — *Condé* (Charlotte de Montmorency, princesse de). In-4. Belle épreuve.

304 — La reine Anne d'Autriche assise dans son appartement avec le roi Louis XIV et de duc d'Orléans. In-folio en largeur. Belle épreuve.

305 — *Louis XIII*, roi de France, en pied, dans une bordure carrée au haut de laquelle on lit : *Louys de Bourbon, XIIIe du nom, roy de France et de Navarre* ; au bas, huit vers sur deux colonnes. In-folio. Très belle épreuve.

306 — *Marillac* (Michel de), — *Quesnel* (François), — *Hautin* (J.-B.), — *de Verdun*, — *Petit* (L.), — *Neufville* (N. de), — *Caussin* (Le Père Nicolas), — *Bernard* (Ch. de), — *La Rochefoucauld* (F. de), cardinal, — *Largentier*, — *Mazarin* (le cardinal), — *Le Camus* (Nicolas), — *Puget de la Serre* (P.), — *Séguier* (P.), — etc. Seize portraits in-8 et in-folio. Belles épreuves.

LAVREINCE (d'après N.)

307 — Le Directeur des toilettes, par Voyez l'aîné. Très belle épreuve.

308 — La Marchande à la toilette, par Vidal. Très belle épreuve avant la dédicace.

LAVREINCE ET **BAUDOUIN** (d'aprés)

309 — École de danse, par Dequevauviller, — Le Chemin de la Fortune, par Voyez major. Deux pièces. Belles épreuves.

LE BLOND (J.)

310 — La princesse Marie de *Gonzague*, — La princesse de *Guimenay*, — La duchesse de *Chevreuse*, — La duchesse de *Montbason*. Quatre portraits in-4; un est double. Cinq pièces.

LE CLERC (S.)

311 — Mausolée du prince de Conti. In-folio. Belle épreuve avant la lettre.

LE CLERC ET **COCHIN** (d'après)

312 — *Legros* (Joseph), de l'Académie royale de musique. Deux portraits différents, in-4 et in-8, gravés par Macret et J.-C. Miger Belles épreuves.

LE GRAND (L.)

313 — *Du Barry* (la comtesse). In-8. Belle épreuve.

LE MIRE (N.)

314 — *Arc* (Jeanne d'). In-12. Rare épreuve avant la lettre; plus une épreuve avec la lettre. Deux pièces.

LEMPEREUR (L.)

315 — *Le Comte* (Marguerite), d'appès C.-H. Watelet. In-4. Très belle épreuve.

LENFANT (J.)

316 — *Auvergne* (J. d'), — *Benichère* (Claude de), — *Gassendi* (Petrus), — *Loménie-de-Brienne* (L.-H. de), — *Nesmond* (Guil. de). Cinq portraits in-folio. Belles épreuves.

LE PAON (d'après)

317 — Revue de la maison du Roi, au Trou-d'Enfer, par J.-P. le Bas. Très belle épreuve avant la lettre.

LE PEINTRE (d'après Ch.)

318 — La Cage symbolique, par Fessard. Belle épreuve.

LÉPICIÉ (B.)

319 — *Desmares* (Mlle), — *Dufresne* (Catherine de Seine, Mlle). Deux portraits in-folio. Belles épreuves.

320 — *Molière* (J.-B. Poquelin de), d'aprés Ch. Coypel. In-4. Très belle épreuve, marge.

LESPINASSE (d'après le chevalier de)

321 — Vue à vol d'oiseau de l'École militaire, à Paris, par Née et Masquelier. Superbe épreuve avant la lettre, grande marge.

LEU (Th. de)

322 — *Argentré* (Bertrand d'), président au siège du sénéchal de Rennes (R. D., 300). Très belle épreuve.

323 — *Aumale* (Claude de Lorraine d'), chevalier de Malte (R. D., 303), — *Bar* (Catherine de Bourbon, duchesse de), (R. D., 309). Deux pièces.

324 — *Bar* (Henri de Lorraine, duc de), marquis de Pont (R. D., 306). Très belle épreuve, marge.

325 — Le même portrait. Très belle épreuve, marge.

326 — Le même personnage (R. D., 307). Très belle épreuve.

327 — *Beaugrand* (Jean de) (314). Superbe épreuve.

328 — *Bourbon* (Charles II, cardinal de). (321), — *Broé* (Bon de), président au Parlement de Paris (328), — Catherine de *Médicis*, reine de France (332). Trois pièces.

329 — *Capel* (Ange), sieur du Luat, secrétaire de la chambre du roi (329). Très belle épreuve.

330 — *Charles IX*, roi de France (338), — *Condé* (Henry de Bourbon, prince de) (342). Deux pièces.

331 — *Charles IX*, roi de France (338), — *Conti* (François de Bourbon, prince de) (348). Deux pièces.

332 — *Chopin* (René), jurisconsulte et avocat au Parlement de Paris (339). Belle épreuve.

333 — *Conti* (Jeanne de Coesme, princesse de) (350). Très belle épreuve du premier état, marge.

334 — *Conti* (Louise de Lorraine, princesse de) (352). Très belle épreuve du premier état.

335 — *Du Moulin* (Pierre), ministre calviniste à Paris et à Sedan (356). Très belle épreuve.

336 — *Fauchet* (Claude), premier président en la Cour des Monnaies et historien. Deux portraits différents (R. D., 369-370), — *François I*er, roi de France (372), — *François II*, roi de France (373). Quatre pièces. Belles épreuves.

337 — *Gondi* (Pierre de), archevêque de Paris (375), — *Guise* (Louis de Lorraine, cardinal de) (383). Deux pièces. Belles épreuves.

338 — *Henri II*, roi de France (387), — *Henri III*, roi de France (392), — *Henri IV*, roi de France (401). Trois pièces. Belles épreuves.

339 — *Henri IV*, roi de France (397). Très belle épreuve.

340 — *Henri IV*, roi de France. Trois portraits différents (R. D., 402, 410, 417). Belles épreuves.

341 — *Henri IV*, roi de France (406). Très belle épreuve, marge.

LEU (Th. de)

342 — *Henri IV*, (R. D., 407). Très belle épreuve.

343 — *Hervet* (Gentien), chanoine de Reims (419), — *Jeanne d'Albret*, reine de Navarre (422). Deux pièces.

344 — *La Framboisière* (Nicolas-Abraham de), médecin du roi (429). Très belle épreuve du premier état.

345 — *La Roche-Guyon* (François de Sillé, comte de) (430). Très belle épreuve.

346 — *Lesdiguières* (François de Bonne, duc de), maréchal et connétable de France (436), — *Montmorency* (Henri Ier du nom, duc de) (462). Deux pièces. Belles épreuves.

347 — *Lorraine* (Claude de France, duchesse de) (440). Très belle épreuve.

348 — *Louis XIII*, à cheval; dans le fond, une vue de Paris (445). Très belle épreuve.

349 — *Marie de Médicis*: **La Couronne de Justice** (456). Belle épreuve du premier état.

350 — *Montaigne* (Michel, sieur de) (461). Très belle épreuve.

351 — *Montmorency* (Louise de Budos, duchesse de) (463). Très belle épreuve, marge.

352 — *Montpensier* (Henri de Bourbon, duc de) (464). — *Nemours* (Henri de Savoie, duc de) (466.) Deux pièces.

353 — *Nemours* (Jacques de Savoie, duc de) (467). — *Nevers* (Charles de Gonzague, duc de) (469). — *Passerat* (Jean), professeur royal d'éloquence à Paris (473). Trois pièces.

354 — *Nevers* (Charles de Gonzague, duc de) (469). — *Passerat* (Jean), professeur royal d'éloquence, à Paris (473). Deux pièces. Très belles épreuves.

355 — *Passerat* (Jean) (473). — *Vendôme* (Charles de Bourbon, cardinal de) (500). Deux pièces.

356 — *Ranchin* (François), docteur et professeur royal en médecine (480). Très belle épreuve.

LEU (Th. de)

357 — *Strozzi* (Philippe), colonel-général de l'infanterie (491). Belle épreuve.

358 — *Villeroy* (Nicolas de Neufville, seigneur de), secrétaire d'État (504). Superbe épreuve.

359 — Personnage inconnu (Gregorius de Valencia)? (507). Superbe épreuve.

360 — *Nauticæus* (Guillelmus), géographe du Roi. Portrait non décrit. Superbe épreuve. Très rare.

LEVACHEZ

361 — *Petion* (Jérôme), d'après Laplace. In-4 en couleur. Belle épreuve.

LEYDE (Lucas de)

362 — La Vierge, debout sur un croissant dans une gloire (B., 82). — La Laitière (B., 158). Deux pièces.

LITTRET et FLIPART

363 — *Favart* (M. et Mme), d'après Cochin et Liotard. Deux portraits in-8. Belles épreuves.

MANET (Édouard)

364 — Son œuvre en neuf pièces gravées à l'eau-forte. Très belles épreuves.

MANTEGNA (André)

365 — Jésus-Christ descendant aux limbes (B., 5). Belle épreuve.

MARCENAY DE GHUY (Ant. de)

366 — *Arc* (Jeanne). In-8. Très belle épreuve avant la lettre, plus une épreuve avec la lettre. Deux pièces.

367 — *Henri IV*, d'après Janet. — *Sully* (le duc de). Deux portraits in-8. Très belles épreuves avant la lettre.

MARCENAY DE GHUY (Ant. de)

368 — *Puységur* (le marquis de). In-4. Belle épreuve avant toute lettre.

369 — *Turenne* (le vicomte de). Très belle épreuve avant la lettre, marge.

MARIETTE (A Paris, chez J.)

370 — Personnages de la Comédie italienne. Suite de onze pièces in-8. Rares.

MARIETTE et JOLLAIN excudit

371 — Scènes de comédie et personnages de théâtre de l'époque Louis XIII. Cinq pièces. Très belles épreuves.

MARTIAL

372 — Lettre sur les éléments de la gravure à l'eau-forte. Suite de quatre pièces dans la couverture de publication.

MARTINET (F.-N.)

373 — Récréation du philosophe. Très belle épreuve. Rare.

MASSARD (A Paris, chez)

374 — L'Amour châtié par sa mère. Belle épreuve.

MASSON (Ant.)

375 — *Brisacier* (Guillaume de), d'après Mignard (R. D., 15), — *Nicolaï* (Nicolas de), premier président de la Chambre des comptes, — *Péréfixe* (Hardouin de Beaumont de), d'après Mignard (61). Trois portraits in-fol. Belles épreuves.

376 — *François-Marie*, doge de Gênes (R. D., 29). Très belle épreuve.

377 — *Guise* (Marie de Lorraine, duchesse de), d'après Mignard (R. D., 32). Très belle épreuve avant le lapin.

MATHONIÈRE (A Paris, chez N. DE)

378 — La statue équestre de Henri le Grand sur son piédestal. Grande pièce, avec légende explicative de chaque côté.

379 — Plan d'Arras ; en bas, une légende explicative. Rare.

MEISSONIER (E.)

380 — Le Fumeur. Très belle épreuve sur chine.

MELLAN (CL.)

381 — *Anne d'Autriche*, reine de France. In-fol. Belle épreuve.

MERCURY (P.)

382 — *Maintenon* (Françoise d'Aubigné, marquise de), d'après Petitot. Épreuve sur chine.

MÉRYON (CH.)

383 — Collège Henri IV. Superbe épreuve, avec la mer dans le fond et avec la légende dans la marge du bas à droite.

384 — La rue des Toiles, à Bourges, — Vers à *Reynier* dit Zeemann. — Portrait. Quatre pièces dont une double.

MICHEL (J.-B.)

385 — Préville (Mlle Angélique Drouin, Mme), d'après Colson. In-fol. Très belle épreuve, marge.

MONDHARE (A Paris, chez)

386 — *Bertinazzi* (Carlin), In-4° en couleur. Très belle épreuve, toute marge.

387 — Grand concert extraordinaire, exécuté par un détachement des Quinze-Vingts, au Café des aveugles, foire Saint-Ovide, au mois de septembre 1771, In-fol. Très belle épreuve. Rare.

MONET (d'après)

388 — *Laruette*, dans *les Chasseurs* et *la Laitière*, gravé par Auvray. In-fol. Très belle gravure, marge.

MONNIER (H.) ET GRANDVILLE

389 — Pasquinades, — Marchand d'estampes, — Bouquiniste, — La Marmite renversée, — Les Sauveurs de la France, — Voyage pour l'Eternité, etc. Vingt pièces.

MONTCORNET (B.)

390 — Portraits de Princes, Princesses et personnages célèbres des règnes de Louis XIII et Louis XIV. Soixante portraits in-8° et in-4°. Belle épreuves.

MOREAU (J.-M.)

391 — Décoration du sacre de Louis XVI, roi de France et de Navarre, à Reims, le 11 juin 1775. Belle épreuve.

392 — *Louis XVI*, d'après Duvivier (E. B., 39). Belle épreuve.

393 — Ouverture des Etats généraux à Versailles, le 5 mai 1789. Très belle épreuve du premier état, avec le nom des membres de cette assemblée dans le bas de la gravure, grande marge.

394 — *Louis XVI*, en buste, au milieu de figures allégoriques, gravé par Le Mire. Bonne épreuve, non entièrement terminée, sans marge.

MORIN (J.)

395 — *Gesvres* (François Potier, marquis de), d'après Champaigne (R. D., 53). Belle épreuve.

396 — *Henri IV*, roi de France, d'après Ferdinand (R. D., 60). Très belle épreuve.

397 — *Marillac* (Michel de), garde des sceaux, d'après Champaigne (R. D., 66). Très belle épreuve.

398 — *Maugis des Granges* (Pierre), d'après Champaigne (R. D., 67). Très belle épreuve.

399 — *Richelieu* (le cardinal de), d'après Champaigne (R. D., 72). Très belle épreuve.

MORIN (J.)

400 — *Thou* (J.-Aug. de), d'après Ferdinand (R. D., 79). Très belle épreuve.

401 — *Thou* (Christophe de), (R. D., 78). Très belle épreuve.

402 — *Vitré* (Ant.), d'après Champaigne (R. D., 88). Belle épreuve.

MULLER

403 — *Pierre* (J.-B.-M.), d'après lui-même, In-4°. Belle épreuve.

NANTEUIL (R.)

404 — *Amelot* (Jacques), marquis de Mauregard, (R. D., 19) Belle épreuve du premier état.

405 — *Bailleul* (Louis de), président au Parlement de Paris, (R. D., 27). Belle épreuve du premier état.

406 — *Blondel* (David) (41), — *Bragelogne* (Marie de), veuve de Claude Le Bouthillier (57). Deux pièces.

407 — Bragelonne (Marie de), veuve de Claude de Bouthillier (57). Très belle épreuve, marge.

408 — *Colbert* (Jean-Baptiste), contrôleur général des finances (R. D., 73), Belle épreuve.

409 — *Dupuy* (Pierre) (88), — *Lallemant* (Pierre), prieur de Sainte-Geneviève (117), premier état, — *La Vrillière* (Louis Phelypeaux de), secrétaire d'Etat (123). Trois pièces. Belles gravures.

410 — *Guébriant* (Jean-Baptiste Budes, comte de), maréchal de France (104). Premier et deuxième états. Deux pièces. Très belles épreuves.

411 — *Le Masle* (Michel), prieur des Roches (126), — *Loret* (Jean), poète (159). Deux pièces. Belles épreuves.

412 — *Loret* (Jean), poète (150), — *Lotin de Charny* (François), président au Parlement de Paris (151), troisième état, — *Louise-Marie* de Gonzague, reine de Pologne (164). Trois portraits. Belles épreuves.

NANTEUIL (R.)

413 — *Mazarin* (Jules), cardinal, ministre d'Etat (R. D., 178-181-184). Trois portraits différents. Belles épreuves.

414 — *Mercœur* (Louis de Vendôme, duc de) (189), — *Neufville* (Ferdinand de), évêque de Chartres (203), — *Voiture* (Vincent), de l'Académie française (234). Quatre portraits, dont un double.

NANTEUIL (d'après R.)

415 — *Feret* (H.), — *Coislin* (l'abbé de), — *Tallemant* (François), — *Beringhen* (Henri de), — Marc de *Vulson*, sieur de la Colombière. Cinq portraits, gravés par Trouvain, Lenfant, Picart, B. Audran et Regnesson. Belles épreuves.

NÉE

416 — Chambre du cœur de Voltaire, à Ferney. Epreuve en double état avant et avec la lettre. Deux pièces.

NÉE ET MASQUELIER

417 — Le Déjeuné de Ferney, d'après De Non. Très belle épreuve, toute marge.

NORTHCOTE (d'après J.)

418 — M^er Kean in the character of brutus, par S. W. Reynolds. In-fol. en pied. Belle épreuve.

PALLIÈRE (J.)

419 — *Cretu* (Mme), actrice du spectacle de Bordeaux. In-4. Belle épreuve.

PARVILLÉE (A Paris, chez)

420 — Le Cabaret de Ramponaux ; en bas, son portrait. Très belle épreuve.

PASSE (Crispin de)

421 — *Henri IV*, roi de France. In-8. Belle épreuve.

PENCZ (G.)

422 — Les Six premiers Triomphes décrits par Pétrarque (B. 117-122). Belles épreuves.

PERELLE

423 — Vues de Paris et des principaux châteaux de France. Soixante-six pièces.

PERELLE ET SILVESTRE

424 — Vues de Paris, Versailles et Saint-Germain. Vingt-huit pièces. Très belles épreuves.

PHILIPON

425 — Album pour rire, — Compensations. — Amourettes, — Modes de 1830, — Les Annonces, — Farces, — Encore des ridicules, etc. Trente-six pièces en couleur.

PLATTE-MONTAGNE (N. DE)

426 — Barthélemy (Vincent), avocat. In-fol. Belle épreuve.

427 — *Monnerot* (Pierre), — *Barthélemy* (V.). Deux portraits in-fol. Belles épreuves.

POILLY (F.)

428 — *Orléans* (Philippe de France, duc d'), d'après Nocret. In-fol. Très belle épreuve.

POILLY (F. ET N.)

429 — *Guemené* (Anne de Rohan, princesse de), — *Olier* (Nicolas-Edouard), — *Tubeuf* (Jacobus), — *Amelot* (Jacobus). Quatre portraits in-fol. Belles épreuves.

430 — Le Roy Louis XV tenant son lit de justice pour la première fois en son Parlement à Paris, le 12 septembre 1715, d'après F. Delamonce. Pièce in-fol. en largeur, avec légende explicative en bas. Très belle épreuve.

PRUD'HON (d'après P.-P.)

431 — La Liberté, par Copia. Très belle épreuve avant la lettre, marge.

432 — Préfécture de la Seine-Inférieure, par B. Roger. Très belle épreuve, toute marge.

433 — Le Triomphe de l'Empereur, par B. Roger. Très belle épreuve.

434 — *Talleyrand-Périgord* (Charles-Maurice de), par Chapuy, in-4. Très rare épreuve avant toute lettre, marge.

435 — Le Sort des artistes. Pièce rare, attribuée à Prud'hon. Très belle épreuve.

QUEVERDO (d'après)

436 — Le Repos, — La Jouissance. Deux pièces faisant pendants, gravées par Dambrun et Martini. Très belles épreuves.

437 — *Duras* (Emmanuel-Félicité de Durfort, duc de), par Dambrun. In-fol. Belle épreuve.

RABEL (J.)

438 — *Garnier* (Robert), poète. Non décrit. Très belle épreuve.

439 — *Guise* (François de Lorraine, duc de). Non décrit. Très belle épreuve.

440 — *Guise* (Henri de Lorraine, duc de). Non décrit. Très belle épreuve.

441 — Le même portrait, gravé par un anonyme. Très belle épreuve. Rare.

442 — *Joyeuse* (Anne, duc de), pair et amiral de France (R. D. 61). Belle épreuve. Rare.

443 — *Marie Stuart*, reine d'Ecosse (R. D., 66). Belle épreuve. Rare.

RABEL (J.)

444 — *Meine* (Charles de Lorraine, duc du). Non décrit. Très belle épreuve.

RAFFET

445 — Album lithographique. Dix-huit pièces. Epreuves sur chine.

RAIMONDI (Marc-Antoine)

446 — Saint Jean l'Evangéliste et saint Jérôme, d'après Durer (B., 1643). Belle épreuve.

REGNESSON (N.)

447 — *Longueville* (Anne-Geneviève de Bourbon-Condé, duchesse de). In-8. Belle épreuve.

REMBRANDT (P. Van Rhyn)

448 — *Wtenbogardus*, ministre hollandais (B. 179, — Cl. 276). Belle épreuve.

RÉVOLUTION (Pièces relatives a la)

449 — Ainsi va le monde, — Le Législateur La Ressource, — D'animaux malfaisants c'était un très beau plat, — Cas du Manifeste du duc de Brunswick, etc. Cinq pièces. Très belles épreuves. Rares.

450 — *Louis XVI* sous la figure d'un cochon, — *Marie-Antoinette* sous la figure d'une louve. Deux pièces faisant pendants. Rares.

ROBETTA

451 — Vénus entourée d'Amours (B. 18). Très belle épreuve.

ROMANET (A.)

452 — *Vence de Saint-Vincent* (dame Julie de Villeneuve), petite-fille de Mme de Sévigné. In-4. Très belle épreuve, marge.

ROULLET (J.-L.).

453 — *Clément Touchelée* (Catherine), d'après Cotelle. In-fol. Très belle épreuve avant la lettre.

ROUSSEAU (Th.)

454 — Le Chêne de Roches, 1861. Très belle épreuve.

ROUSSELET (Æ.)

455 — *Louis XIV*, portrait équestre, d'après C. le Brun. In-fol. Très belle épreuve.

SAINT-AUBIN (Aug. de)

456 — *Louise-Émilie*, baronne de ***. — *Adrienne-Sophie*, marquise de ***. Deux pièces faisant pendants. Superbes épreuves avant les adresses et avec le nom de A. de Saint-Aubin, tracé à la pointe, sous le trait carré, toutes marges.

457 — *Louis XVI* (E. B. 147). Epreuve non terminée avant la lettre, marge.

458 — *Molé* (François-René), d'après Aubry. In-4. Très-belle épreuve, marge.

459 — *Montaigne* (Michel de). Épreuve en double état, eau-forte et avant la lettre, avec marges.

460 — *Orléans* (Louis-Philippe, 4ᵉ duc d'), d'après Cochin. Frontispice pour les pierres gravées. in-4. Très belle épreuve, toute marge.

461 — Amyot, — Mᵐᵉ Deshoulières, — Bourdaloue, — de Chaulieu, — J.-B. Rousseau, — Anne d'Autriche, — le Cardinal de Retz, — Louis XIV, — Mazarin, — Crébillon, — Régnard, etc. Dix-neuf portraits. Très belles épreuves.

462 — Inauguration de la statue de Louis XV, d'après H. Gravelot (585). Très rare épreuve à l'état d'eau-forte.

463 — La même estampe. Très belle épreuve.

SAVART (P.)

464 — *Boileau-Despréaux* (N.), d'après Rigaud (F., 4), — *Condé* (le prince de), d'après Le Juste, — Torquato *Tasso*. Trois portraits. Belles épreuves.

465 — *Bossuet* (J.-B.). Deux épreuves d'états différents, — *Louis XIV*, d'après Rigaud. Trois pièces.

466 — *Louis XVI*, gravé par Mlle Savart. In-8. Très belle épreuve, marge.

467 — *Richelieu* (le Cardinal de), d'après Champaigne. Belle épreuve avant toutes lettres, mais doublée.

SCHEFFER (G.)

468 — Tableaux de Paris, — Scènes populaires, etc. Onze pièces.

SCHMIDT (G.-F.)

469 — *Élisabeth*, impératrice de Russie, d'après Tocqué. In-fol. Belle épreuve.

470 — *Prevost* (Ant.-Fr.), aumônier du prince de Conti. In-4. Très belle épreuve.

SCHUPPEN (P. Van)

471 — *Colbert* (J.-B.), d'après Ph. de Champaigne et Le Brun. Très belle épreuve.

472 — *Foucault* (Joseph), d'après Largillière, — *Marca* (Petrus de), d'après Van Loo, — *Thomassin* (le R. P. Ludovicus), d'après J. Van Schuppen, — *Urfé* (Honoré d'). Quatre portraits in-fol. Belles épreuves.

473 — *Lorraine* (Marguerite de), religieuse. In-fol. Belle épreuve avec marge.

SCHUTZ (C.)

474 — Vues des principaux monuments et promenades de la ville de Vienne, — Palais et châteaux d'Autriche. Quarante-cinq pièces en couleur. Très belles épreuves. Grandes marges.

SERGENT (d'après)

475 — Vue de la place d'Henry quatre prise sur l'eau, gravée en couleur par Le Campion. Belle épreuve.

SICHEM (C. Van)

476 — *Ravaillac*, assassin de Henri IV. In-4. Belle épreuve.

SILVESTRE (Israel)

477 — Perspective de la ville de Paris, veue du pont des Tuileries (F. 77). Belle épreuve.

478 — Arsenal (80-1), — Augustins (81-1), — Bastille (82-2 et 4), — Bons-hommes (84-1), — Cimetière des Innocents (89), — Église des Filles de l'Annonciate (93), — Hôtel de Nevers (103-1 et 2). Neuf pièces. Belles épreuves.

479 — Jardin des Plantes (111-1 et 2), — Jardin de M. Renard (112), — Le Louvre (115-8 et 10), — Palais d'Orléans (117-2), — Maison de M. Le Coigneux (120), — Maison du Faubourg Saint-Germain (121), — Église de la Mercy (124), — Notre-Dame (125-1). Douze pièces.

480 — Veue et perspective du Pont-Neuf et de la gallerie du Louvre (180-4). Très belle épreuve Rare.

481 — Porte de la Conférence (137-1 et 3), — Le Cours-la-Reine (91), — Saint-Laurent (151), — Saint-Sauveur (153), — Saint-Sulpice (154), — La Sorbonne (157-4), — Les Tuileries (161-10 et 13). Neuf pièces. Très belles épreuves.

482 — Ancy-le-Franc (165-2 et 4), — Chantemesle (185), — Clermont en Dauphiné (196), — Église de Clichy-la-Garenne (199), — Escouen (210-2), — Gaillon (220-2, 4 et 5), — Gondy (221), — Porte de Grenoble (222-6), — Madrid, près Paris (236-2), — Marlou (243-1 et 2). Quinze pièces.

483 — Notre-Dame de Melun (248-2), — Château de Pacy, en Champagne (271-1), — Passy, proche Paris (272), — Quincy en Champagne (278-2), — Richelieu (281-4), — Saint-Cloud (289-5, 7-8 et 9), — Saint-Denis (290-3), — Saint-Germain-en-Laye (292-5-6, 8 et 14), — Sainte-Reine (297), — Sens (301) Seize pièces.

SILVESTRE (Israel)

484 — Titres (328 *bis*, 329, 342 et 347). Quatre pièces.

TARDIEU (J.)

485 — *La Font* (Mlle Sophie-Louise-Wilhelmine), d'après de Lapierre. In-fol. Très belle épreuve avant toute lettre.

TARTOREL et PERISSIN

486 — Premier volume, contenant quarante tableaux ou histoires diverses, qui sont mémorables touchant les guerres, massacres et troubles advenus en France en ces dernières années. Le tout recueilli selon le tesmoignage de ceux qui y ont été en personne et qui les ont veus, lesquels sont pourtrais à la vérité. Vingt-cinq pièces de ce livre. Rare.

TRINQUESSE (d'après L.)

487 — L'Irrésolution ou la Confidence, par J.-A. Pierron. Belle épreuve.

TROUVAIN

488 — *Du Buc* (le P. Dom Alexis), d'après Simon, — *Houasse* (René-Antoine), d'après Tortebat, — *Le Pelletier* (J.), d'après Simon. Trois portraits in-fol et in-8. Belles épreuves.

VALÉE (Simon)

489 — *De Troy* (Jean), d'après F. de Troy. In-fol. Très belle épreuve.

VALLET (G.)

490 — *Corneille* (Pierre), d'après A. Paillet. In-fol. Très belle épreuve, marge.

VEYRASSAT

491 — Le Maréchal-Ferrant, — Le Cuisinier. Deux pièces avant la lettre

VERMEULEN (C.)

492 — *Mignard* (P.), d'après lui-même. In-fol. Très belle épreuve.

VILLENEUVE

493 — *Angélique*. Pièce de forme ovale, en couleur. Très belle épreuve, marge.

WARD (W.)

494 — Lucy of Leinster. Très belle épreuve, marge.

495 — Thoughts on Matrimony, d'après Smith, — Louisa. Deux pièces faisant pendants. Très belles épreuves.

WATTEAU (d'après Ant.)

496 — Départ des comédiens italiens en 1697, par L. Jacob. Très belle épreuve, marge.

WIÉRIX (Les)

497 — Vanitas vanitatum et omnia vanitas (Al. 1528). Belle épreuve.

498 — *Balzac* (Henriette de), marquise de Verneuil (Al. 1860). Superbe épreuve, avec l'adresse de Paul de la Houve biffée.

499 — *Bourbon* (Catherine de), duchesse de Bar (Alvin, 1872). In-fol. Très belle épreuve.

500 — *Bourbon* (Louis de), prince de Condé (Al. 1874). Belle épreuve.

501 — *Coligny* (Les trois frères), d'après Marc du Val (1885). Très belle épreuve.

502 — *Médicis* (Catherine de), d'après Marc Duval (Al. 1975), *Albret* (Jeanne d'), d'après Marc Duval (Al. 1841). Deux portraits in-8, gravés sur une même planche. Très belles épreuves, grandes marges.

503 — *Médicis* (Marie de). (Al. 1979). Très belle épreuve du premier état.

504 — *Bourbon* (Éléonore de), princesse d'Orange (Al. 1999). Très belle épreuve.

WILLE (J.-G.)

505 — *Saint-Florentin* (Louis Phelippeaux, comte de), d'après L. Tocqué. In-fol. Belle épreuve.

WILLIAMS (E.)

506 — The Lovely Brunette, d'après Ward. Très belle épreuve, marge.

ZOFFANY (d'après J.)

507 — Mr Schuter, Mr Beard et Mr Dunstall, in the Charaters of Justice Woodcock, Hawthorn et Hodge, par J. Finlayson, en manière noire. Très belle épreuve.

VIGNETTES

BOUCHER ET COCHIN (d'après)

508 — Gravures in-8, gravées par Cochin et Chedel, pour les Œuvres de Favart. Trois pièces, dont une double. Belles épreuves.

BOUCHER (d'après F.)

509 — Vignettes in-4, gravées par Laurent Cars, pour illustrer les Œuvres de Molière, édition de 1734. Très belles épreuves, marges.

510 — Vignettes in-18, gravées par Punt Legrand et autres, pour les Œuvres de Molière. Soixante-deux pièces.

511 — Les Grâces. 1769. Vignette-Frontispice gravé par Simonet. Très rare épreuve à l'état d'eau forte, marge.

BOULANGER (d'après L.)

512 — Marion de Lorme. Deux vignettes in-8, gravées par W. Finden. Epreuves sur chine.

CHAUVET

513 — Suite complète de cent soixante-neuf figures en tête de pages, pour illustrer la traduction d'*Horace*, par M. le comte Siméon. Très belles épreuves, tirées hors texte.

CHODOWIECKI

514 — Suite de six gravures in-12, relatives à l'*Histoire de Marie-Antoinette*, imprimées sur une même feuille. Belles épreuves, toute marge.

515 — Suite de vingt-quatre gravures in-8, gravées, en 1795, pour *Clarisse Harlowe*. Très belles épreuves.

516 — Vignettes in-12, pour des Almanachs de poche relatives à l'*Histoire du Grand Frédéric et de l'Impératrice Catherine II*. Vingt pièces.

517 — Suite de douze gravures in-8, pour illustrer un roman du dix-huitième siècle. Belles épreuves.

CHOFFARD (P.-P.)

518 — Fleuron du titre du tome Ier des *Contes de La Fontaine*, édition in-4, publiée par P. Didot, avec figures de Fragonard. Superbe et rare épreuve à l'état d'eau-forte et avant le nom de Choffart. Toute marge.

519 — La même pièce. Superbe épreuve avant la lettre, toute marge.

520 — Frontispice du *Catalogue Mariette*, d'après Cochin. Superbe et rare épreuve à l'état d'eau-forte, toutes marges.

521 — La même estampe. Superbe épreuve du même état, marge.

522 — Le Cabinet de Basan. Estampe in-4 en largeur. Superbe épreuve avant la lettre, toute marge.

523 — *Louis XV*. Vignette tête de page, pour le *Traité des horloges marines*. In-4, d'après Cochin. Belle épreuve avant la lettre.

CHOFFART (P.-P.)

524 — Huit vignettes. Têtes de pages, représentant des vues de batailles, pour *Préjugés militaires*, par un officier autrichien. 1780. Très belles épreuves tirées hors texte, toutes marges.

CHOFFART (P.-P.)?

525 — Drapeau de la garde nationale. In-8. Epreuve à l'état d'eau-forte, marge.

CHOQUET (d'après)

526 — Suite de quatre gravures in-8, par divers graveurs, pour *La Princesse de Clèves*. Suite, en double état, à l'eau-forte, et épreuves terminées avant la lettre, sur chine.

COCHIN (d'après C.-N.)

527 — Manuel de l'Agriculture, vignette in-8, gravée par B.-L. Prevost. Rare épreuve à l'état d'eau-forte.

528 — Le Triomphe du goût, vignette in-8, gravée par De Launay pour la Bibliothèque du Théâtre-Français du duc de La Vallière, 1768. Rare épreuve à l'état d'eau-forte, plus une épreuve avec la lettre. Deux pièces.

529 — Têtes de pages pour un in-8. Gravées par B.-L. Prevost. Deux pièces, imprimées sur une même feuille. Très belles épreuves, tirées hors texte.

530 — Vignettes diverses et portraits pour illustrations. Vingt-six pièces.

COCHIN (Ch.-N.)

531 — Suite complète de quatre vignettes in-8, d'après Desfriches, pour : *Mon odyssée, ou le Journal de mon retour de Saintonge*, poème par Robert de Beauvezet, 1760. Superbes épreuves avant la lettre, marges.

DE LAUNAY (R.)

532 — *Louis IX*, roi de France, d'après B. L. Prevost, 1775. vignette en tête de page, in-8. Epreuve en double état, eau-forte et épreuve terminée avant la lettre. Deux pièces.

DESENNE (d'après)

533 — Vignettes diverses pour les Œuvres de Voltaire, B. de Saint-Pierre, etc. Vingt-trois pièces; plusieurs sont avant la lettre.

DESENNE, LAMY ET JOHANNOT (d'après)

534 — Suite de cent quatre-vingts gravures, titres et cartes pour les Œuvres de Walter Scott, publiées par Ch. Gosselin, 1827-1833. En livraisons.

DEVÉRIA (d'après)

535 — Vignettes pour les *Mille et une Nuits*, *Rabelais*, etc. Treize pièces, en grande partie avant la lettre, sur chine.

DIVERS

536 — Vignettes diverses, d'après Monsiau, Lebarbier et autres. Dix pièces avant la lettre et eaux-fortes.

537 — Vignettes in-18, d'après Lebarbier et autres, pour *Télémaque*, *les Idylles de Berquin*, etc. Douze pièces avant la lettre, dont huit à l'état d'eau-forte.

538 — Vignettes et en-têtes de pages, pour ouvrages du dix-huitième siècle. Neuf pièces. Epreuves à l'état d'eau forte.

539 — Vignettes in-8 et in-4, d'après Moreau et autres, pour illustrations d'ouvrages du dix-huitième siècle. Sept pièces. Epreuves à l'état d'eau-forte.

540 — Vignettes in-8, d'après Gravelot, Cochin et Lebarbier, pour divers ouvrages. Six pièces. Epreuves à l'état d'eau-forte.

DIVERS

541 — Vignettes in-8, d'après Desenne, Johannot, Deveria, Morin et Gautier, pour divers ouvrages. Neuf pièces à l'état d'eau-forte.

542 — Vignettes diverses, sujets champêtres et scènes d'amour. Quarante-deux pièces, en grande partie avant la lettre.

543 — Vignettes in-8 et in-18, pour illustration de livres des dix-huitième et dix-neuvième siècles, par Eisen, Deveria, Moreau, Johannot, Wille fils, Lebarbier, Scheffer, etc. Cinquante-six pièces.

544 — Vignettes in-8 pour divers ouvrages du dix-huitième siècle, d'après Cochin, Folkema, Boucher, Gravelot, etc. Vingt-trois pièces.

545 — Vignettes pour divers ouvrages, d'après Marillier, Le Barbier, Chodowiecki, Laffite, Binet, Borel, etc. Soixante-onze pièces.

546 — Vignettes pour divers ouvrages du dix-huitième siècle, d'après Simon et Coiny, Moreau, Monsiau, Monnet et Lebarbier, etc. Cinquante-quatre pièces, dont plusieurs avant la lettre.

547 — Vignettes pour divers ouvrages du dix-neuvième siècle, d'après Desenne, Johannot, Lami. Vignettes anglaises, etc. Soixante-seize pièces; plusieurs sont avant la lettre.

548 — Vignettes et gravures pour illustration de livres, d'après Cochin, Moreau, Eisen, Gravelot, Marillier, Boucher, etc. Quatre-vingt-six pièces.

DUPLESSIS-BERTAUX

549 — Le Serment du Jeu de Paume. — Revue passée dans la cour des Tuileries. Deux pièces avant la lettre; la première est à l'état d'eau-forte.

ÉCOLE FRANÇAISE DU XVIIIe SIÈCLE

550 — Encadrement pour un portrait in-4. Rare épreuve à l'état d'eau-forte, signée d'un monogramme et datée 1783. marge.

EISEN (d'après CH.)

551 — Suite de quatre-vingts gravures in-8, par divers graveurs, pour illustrer les *Contes de La Fontaine*, édition dite des Fermiers Généraux. Très belles épreuves, petites marges.

552 — Vignette-frontispice, grand in-8, pour *Anacréon*, *Sapho*, *Bion et Moschus*, 1772. Rare épreuve à l'état d'eau-forte, marge.

553 — Les Grâces. Vignette in-8. Rare épreuve à l'état d'eau-forte.

EISEN ET LEBARBIER (d'après)

554 — Deux gravures in-8, pour les Œuvres de Baculard, d'Arnaud et Plutarque. Rares épreuves à l'état d'eau-forte.

FLAMENG (L.)

555 — Portraits et vignettes diverses pour illustrations. Onzes pièces. Epreuves avant la lettre, sur chine.

556 — Titre et vignettes entête de pages, pour *Cafés et Cabarets de Paris*, par Delvaux. Quinze pièces, dont cinq doubles en épreuves d'essai, imprimées sur une même feuille.

FRAGONARD (d'après H.)

557 — La Matrone d'Ephèse, par Delignon. Rare épreuve avant la lettre, avec les noms des artistes à la pointe.

FRAGONARD (d'après A.)

558 — Suite de sept gravures in-8, gravées par Dambrun et Dupréel, pour les Œuvres complètes de Grécourt, 1796. Très rares épreuves à l'état d'eau-forte, marges.

559 — Cinq pièces doubles des précédentes, même état et même condition.

GAUCHER

560 — *Fénelon*, d'après Vivien. In-8 (58). Très belle épreuve, marge.

561 — La Fontaine, d'après Rigaud (87). — Le même personnage, gravé par Pauquet. Epreuve à l'état d'eau-forte. Deux pièces.

GÉRARD (d'après Mlle)

562 — Frontispice et figures in-8, gravés par Trière, Patas, Simonet, etc. pour *les Liaisons dangereuses*. Sept pièces.

GÉRARD, GIRODET, TAUNAY, PRUD'HON, ETC. (d'après)

563 — Suite de cinquante-cinq gravures in-fol., par divers graveurs, pour illustrer les Œuvres de Racine. Edition in-fol. de P. Didot l'aîné, an IX. Très belles épreuves d'essai, avant la lettre.

564 — Suite de treize pièces in-8, d'après les mêmes artistes pour une édition in-8 des mêmes Œuvres. Très belles épreuves avant la lettre.

GRAVELOT (d'après H.)

565 — Buste de Louis XV, couronné par *Apollon* et une *Muse*, in-8. Très belle épreuve, marge.

566 — *Clairon* (Mlle) couronnée par *Melpomène*. Gravé par N. Le Mire. In-4. Très rare épreuve avant toute lettre, à l'état d'eau-forte.

567 — Six gravures in-8, par divers graveurs, pour les *Contes moraux*, par Marmontel. 1765. Rares épreuves avant la lettre, dont trois à l'état d'eau-forte.

568 — Quatre gravures in-18, pour les *Contes moraux*, par Marmontel. 1780. Très rares épreuves à l'état d'eau-forte.

569 — Deux gravures in-8, pour *Eugénie*, drame en cinq actes, par Beaumarchais. Très rares épreuves à l'état d'eau-forte, marge.

GRAVELOT (d'après H.)

570 — Trois gravures in 8, dont deux pour l'*Honnête Criminel*, par Falbaire de Quingey. Très rares épreuves à l'état d'eau-forte, marges.

571 — Quatre gravures in-8, pour *Tibère*, ou les six premiers livres de *Tacite*. 1768. Rares épreuves à l'état d'eau-forte, marges.

HERSENT (d'après)

572 — Huit sujets in-8, lithographiés par Chatillon, pour les *Contes de La Fontaine*. Belles épreuves.

JOHANNOT, LEFÈVRE, ETC. (d'après)

573 — Suite de trente-quatre gravures sur bois, pour l'*Histoire de la conquête d'Angleterre par les Normands*, par Augustin Thierry. Très belles épreuves, sur chine.

LE BARBIER (d'après)

574 — Vignette in-8, gravé par L.-M. Halbou, pour la tragédie *de Charles IX*, de Marie J. Chenier. Très rare épreuve à l'état d'eau-forte, plus deux épreuves de la planche terminée, avec la lettre. Trois pièces.

575 — Vignettes in-8, par divers graveurs, pour le *Roman comique*, de Scarron. 1796. Quatre pièces. Très rares épreuves à l'état d'eau-forte, marges.

LE BARBIER ET **MOREAU** (d'après)

576 — Vignettes in-18, gravées par Gaucher et Trière, pour les *Chansons de Piis* et les *Idylles de Théocrite*. Quatre pièces, très belles épreuves, toutes marges.

577 — Vignettes in-8, par divers graveurs, pour une édition projetée des œuvres de Thucydide. Seize pièces, très belles épreuves, avant la lettre, avec marges.

LEFÈVRE (d'après)

578 — Suite complète de six gravures in-18, gravées par Godefroy, pour *Primerose*, par Morel de Vindé. Paris, Didot, 1797. Très belles épreuves avant la lettre, sauf le frontispice qui est avec. Marges.

579 — Suite complète de neuf gravures in-18, dont un portrait gravé par De Launay, pour les *Lettres d'une Péruvienne*, par Mme de Graffigny. Superbes épreuves avant la lettre, toutes marges. Une pièce est double à l'état d'eau-forte. Dix pièces.

LEFÈVRE (d'après) ?

580 — Vignettes in-18, pour un roman de la fin du dix-huitième siècle. Quatre pièces, épreuve à l'état d'eau-forte.

LEPRINCE (d'après J.-B.)

581 — Les Arts, fleuron gravé par Duclos, pour un livre in-4. Rare épreuve à l'état d'eau-forte.

MARILLIER (C.-P.)

582 — Vignettes en tête, pour le *Poème de l'Agriculture*, de Rosset, 1774. In-4. Deux pièces, superbes épreuves tirées hors texte, grandes marges.

MARILLIER (d'après)

583 — Vignette frontispice et en-tête de page, pour *Colomb dans les fers*, par de Langeac. Deux pièces, très rares épreuves à l'état d'eau-forte, marges.

584 — Vignette in-18, pour une édition Cazin. Epreuve à l'état d'eau-forte, marge.

585 — Deux gravures in-8, pour les *Contes moraux*, de Mercier, 1769. Très rares épreuves à l'état d'eau-forte, marge.

586 — Le duc de Richelieu visité dans sa prison, par R. de Launay, in-8. Belle épreuve avant toutes lettres.

MARILLIER (d'après)

587 — Deux gravures in-12, dont un titre, gravées par de Ghendt, pour les *Noëls bourguignons*. Epreuves en double état, à l'eau-forte et terminées. Quatre pièces.

MONNET (d'après)

588 — Vignettes in-8, pour divers ouvrages, gravées par Choffart, de Ghendt et Julie De Launay. Neuf pièces, dont sept avant la lettre.

MONSIAU (d'après)

589 — Deux gravures in-4, pour illustrer les œuvres de Rousseau. Très belles épreuves avant la lettre.

590 — Suite complète de six gravures in-12, gravées par Levillain, pour le *Voyage sentimental* de Stern. 1801. Très belles épreuves avant la lettre, toutes marges.

MOREAU (J.-M.)

591 — *Jarente* (de La Bruyère), d'après Rabillon, pour le *Bréviaire d'Orléans*, 1771. (E. B. 17). Très rare épreuve à l'état d'eau-forte, marge.

592 — *Louis XV*, roi de France, par Lempereur et de Launay (E. B. 27). Belle épreuve avant la lettre.

593 — *Marie-Antoinette*, reine de France, par Gaucher, pour les *Annales de Marie-Thérèse* (E. B. 34). Superbe épreuve avant la lettre, grande marge.

594 — *Marie-Antoinette*, reine de France, par J.-J. Le Veau, vignette tirée de Métastase (E. B., 35). Très belle épreuve avant la lettre, marge.

595 — *Marie-Antoinette*, reine de France, par N. Le Mire. 1775. (E. B., 36). Superbe preuve avant la lettre, marge.

MOREAU (J.-M.)

596 — Evénement arrivé aux Thuilleries, le 12 juillet 1789. Vignette frontispice in-4 du premier volume de *Mémoires historiques, critiques et politiques de la Révolution de France*, par *Bassville* (E. B., 293). Epreuve en double état, eau-forte, et épreuve terminée avant la lettre. Celle à l'eau-forte a toute sa marge.

597 — Vignette en tête de la page 1 du 1er volume du *Voyage en Sibérie*, par Chappe d'Auteroche (336). Epreuve à l'état d'eau-forte, marge.

598 — Marie-Thérèse debout sur les marches de son trône. Vignette de la page 47 des *Annales du règne de Marie-Thérèse*, gravée par N. De Launay (555). Rare épreuve à l'état d'eau-forte, marge.

599 — Vignette in-8, gravée par Devilliers, pour *Journal d'un voyage en Savoie et dans le Midi de la France*, en 1804 et 1805, par L.-C. Henri de la Bédoyère (861). Rare épreuve à l'état d'eau-forte, toute marge.

600 — Vignette en tête de l'*Art de la danse*, de Despréaux, gravé par J.-B. Simonet (485). Rare épreuve à l'état d'eau-forte, toute marge.

601 — Gravures in-8, par divers graveurs, pour les œuvres de Gessner, publiées par Renouard, en 1799. Très belles épreuves avant la lettre, avec marge. Deux pièces s'y trouvent par deux graveurs différents. Quarante pièces.

602 — Sept pièces doubles des précédentes. Très belles épreuves avant la lettre.

603 — Fleurons pour l'*Histoire de France* du président Hénault. Cinq. pièces, épreuves tirées hors texte.

604 — La famille d'Ataliba. Vignette de la page 360 des *Incas*. Deuxième volume. Rare épreuve à l'état d'eau-forte. Marges.

MOREAU (J.-M.)

605 — Trois gravures in-8, pour les œuvres de Raynal, *Arioste et Hamilton*. Rares épreuves à l'état d'eau-forte, marges.

606 — Fleuron du titre du quatrième volume des œuvres de Rousseau, édition de 1774 (1155). Rare épreuve avant la lettre, grande marge.

607 — Vignette-frontispice, gravé par N. De Launay, pour les *Saisons* de Saint-Lambert. Vignette en-tête de Sarah Th., par B.-L. Prevost (1522 et 1527). Deux pièces, très rares épreuves à l'état d'eau-forte, marges.

608 — Trois gravures in-8, gravées par Masquelier, Née et Duclos, pour les *Voyages à l'isle de Bourbon, au Cap de Bonne-Espérance*, *etc.*, par B. de Saint-Pierre. 1773. Très belles épreuves avant les inscriptions dans la marge du haut, marges.

609 — Deux pièces doubles des précédentes. Très rares épreuves à l'état d'eau-forte, marges.

610 — Vignette in-12, gravée par Devilliers frères (1843). Belle épreuve, marge.

611 — Vignette in-8, pour les œuvres de Voltaire, édition de Kehl. Deux pièces, rares épreuves à l'état d'eau-forte.

612 — Deux gravures in-4°, gravées par J. B. Simonet, pour *Marianne* et *la Henriade* de Voltaire. Très belles épreuves avant la lettre, toutes marges.

613 — Deux gravures in-4°, en hauteur, pour une suite projetée, destinée à illustrer le *Voyage du jeune Anacharsis*, par Barthélemy. Epreuves à l'état d'eau-forte, une est double. Trois pièces.

614 — Deux gravures in-8° pour *Télémaque* et *Psyché*. Epreuve avant la lettre, grandes marges.

615 — Vignettes gravées par Ponce et De Launay, pour *Pygmalion*, en tête des pages 6, 7 et 18. Superbes et rares épreuves tirées hors texte avec grandes marges. Les deux premières sont à l'état d'eau-forte.

MOREAU (J.-M.)

616 — Vignette in-4° d'aqrès J. B. Greuze, pour *l'Innocence du premier âge en France,* par B. de Sauvigny (E. B. 1552). Très rare épreuve à l'état d'eau-forte.

617 — Vignette in-8°, gravée par R. De Launay (1838). Rare épreuve avant toutes lettres, à l'état d'eau-forte.

618 — La même pièce, également avant toutes lettres, un peu plus travaillée que la précédente.

619 — Vignettes in-8 et in-18, pour *l'Arioste, les Chansons de Laborde, le Nouveau Testament, les Contes de La Fontaine, Gresset, Cicéron,* etc. Douze pièces, plusieurs sont avant la lettre.

620 — Vignettes in-8°, par divers graveurs, pour les *Œuvres de Voltaire.* Edition de Kehl. Soixante-neuf pièces. Très belles épreuves avec marges.

MOREAU ET GRAVELOT (d'après)

621 — Vignettes en tête de pages, pour l'*Histoire de la maison de Bourbon,* de Desormeaux. — Vignettes de l'*Iconologie,* etc. Dix-huit pièces. Très belles épreuves avant la lettre.

MOREAU ET LE BARBIER

622 — Portrait, gravé par Saint-Aubin, et gravures in-4° pour les *Œuvres de Rousseau,* 1774. Quatre pièces, dont deux avant les numéros. Très belles épreuves, toutes marges.

MOREAU, MONSIAU ET LE BARBIER (d'après)

623 — Vignettes in-8° avec bordures, pour les *Métamorphoses d'Ovide,* édition Villenave, soixante-quinze pièces. Très belles épreuves avant la lettre, en partie avec grandes marges.

NÉE (D.)

624 — Armes du marquis de Marigny, au milieu des attributs des arts, d'après Masquelier, in-18. Belle épreuve avant la lettre.

PATAS

625 — Suite de six vignettes in-18, pour *le Huron*, opéra comique. Belles épreuves.

PICART (Bernard)

626 — Vignettes et cul-de-lampe pour illustrations, huit pièces. Epreuves tirées hors texte.

RAFFET (d'après)

627 — Vignettes in-8° pour l'*Histoire chronologique de la Révolution Française*, publiées chez Perrotin en 1854. Trente-six pièces en livraisons. Epreuves sur chine.

SAINT-AUBIN (Aug. de)

628 — Pandore, vignette frontispice d'après Cochin, pour *Essai sur le caractère, les mœurs et l'esprit des femmes dans les différents siècles*, par M. Thomas, 1772. (E. B., 635). Très rare épreuve à l'état d'eau-forte, toutes marges.

629 — La même pièce, du même état. Très belle épreuve, marge.

630 — Rien n'est beau que le vrai. Vignette-frontispice, d'après Cochin, pour le premier volume de : *Les quatre poétiques d'Aristote, d'Horace, de Vida, de Despréaux*, avec la traduction et les remarques, par M. l'abbé Batteux. 1771. Très rare épreuve, à l'état d'eau-forte, toutes marges.

631 — La même pièce, même état et même condition.

ORNEMENTS ET LIVRES

632 — **Aldegrever** (H.). Les vertus et les vices qui leur sont opposés. 1552. (B., 117-130). Onze pièces, d'une suite de quatorze. Belles épreuves.

633 — Un vase d'ornement. 1528 (B., 224). Belle épreuve.

634 — Une composition d'ornement (B., 255). Très belle épreuve.

635 — Dessin de deux cuillers qui se croisent. 1539 (B. 268). Belle épreuve.

636 — Dessin de grotesques, 1549 (B., 275). Très belle épreuve.

637 — Montant d'ornemens. 1652. (B., 283). Très belle épreuve.

638 — Un montant d'ornements, rempli de feuillages qui sortent d'une cuirasse placée au milieu d'en bas. (B., 288). Très belle épreuve.

639 — **Altdorfer** (Albert). Trois gobelets. (B., 96). Très belle épreuve. Rare.

640 — **Anonyme**. Modèles tirés de livres de dentelles et broderies. Huit pièces.

641 — Enfant portant un vase, — Rinceau de fleurs et feuillages sortant d'un tronc d'arbre. Deux pièces. Belle épreuve.

642 — **Arrivet.** Encadrement pour un calendrier. Très belles épreuve avec marge. Rare.

643 — **Babel**. Modèles de fontaines. Deux pièces. Belles épreuves, toutes marges.

644 — **Barbet**. Livre d'architecture, d'autels et de cheminées, gravés par A. Bosse. Dix-huit pièces collées dans un volume in-folio, cart.

645 — **Beham** (H. S.). Judith. 1547. (B., 12). — Les trois femmes au bain. 1548. (B., 208). Bonnes épreuves.

646 — Le petit bouffon. 1542 (B., 230). Très belle épreuve, marge.

647 — Le Mascaron, 1543 (B., 231). Belle épreuve.

648 — **Beham et Aldegrever**. Les noces de village. — Pièce de la suite des Travaux d'Hercule. — Histoire d'Aman et de Thamar, etc. Huit pièces.

649 — **Bella** (Stephanus della). Partie de son œuvre, en trois cent quarante-six pièces, contenues en deux vol. in-fol. cartonés.

650 — **Berain** (J). Intérieur d'une boutique de marchande de modes, in-fol. en largeur. Très belle épreuve, marge.

651 — Partie de son œuvre. Cinquante-six pièces. Belles épreuves.

652 — Représentation du portique élevé devant la porte du du cœur pour entrer dans le camp de la douleur. Gravé par Le Pautre.

653 — **Berain et Simonin**. Diverses pièces très utiles pour arquebusiers, etc. Douze pièces. Belles épreuves.

654 — **Berain** (Claude). Chiffres enlacés contenus dans des cartouches. — Armoiries, etc. Dix-neuf pièces. Très belles épreuves avec marges.

655 — **Blondus** (Michel). Frises d'animaux, d'oiseaux et d'insectes dans des feuillages. Suite de six pièces. Belles épreuves.

656 — Manches de couteaux, — frises composées d'animaux et de feuillages. Quatre pièces. Belles épreuves.

657 — **Bossi et Choffard**. Diversi Trofei, etc. Della B. Bossi et P. P. Choffard. Cahier A et B. Douze pièces. Très belles épreuves. Rares.

658 — **Boucher fils** (d'après). Plans et élévations de bibliothèque. Cahier H, complet. Belles épreuves.

659 — **Boulle** (André-Charles). Nouveaux dessins de meubles et ouvrages de bronze et de marqueterie, inventés et gravés par André-Charles Boulle. Suite de huit pièces. Très belles épreuves, toutes marges.

660 — Cartonnier, médailles et socle sur une même feuille. Pièce attribuée à A.-Ch. Boulle. Très belle épreuve toute marge.

661 — **Bourdon** (Pierre). Essais de gravure par Pierre Bourdon, maître graveur, à Paris, où l'on voit de beaux contours d'ornements, traités dans le goût de l'art, propres aux horlogers, orfèvres, ciseleurs, graveurs, etc. Treize pièces. Belles épreuves.

662 — Essais de gravure..., propres aux horlogers, orfèvres, ciseleurs, etc. Suite de dix pièces, copies allemandes publiées chez Joh. Christoph. Weigel. Belles épreuves, toutes marges.

663 — **Bourgeois** (J. G.), 1700. Ecusson avec ornements gravés sur fond noir, au milieu. Rare.

664 — **Boydell** (J.). *A collection of Prints, from pictures painted for the purpose of illustrating the dramtic Works of Shakspeare, by the artists of Great-Britain. London: Published by John and Josiah Boydell*, 1803. 2 volumes in-folio, demi-rel. veau.

Très rare et précieux exemplaire contenant la collection complète en double état. 1° épreuves avant la lettre (lettres tracées); 2° les épreuves à l'état d'eau-forte, moins les planches 49 et 50.

Notre exemplaire contient donc :

1er volume. . . 48 avant la lettre (lettres tracées), et 48 eaux-fortes.

2e volume . . . 52 avant la lettre (lettres tracées), et 52 eaux-fortes.

L'ouvrage est en parfait état de conservation et de la plus grande fraîcheur.

665 — **Boyvin** (René). Histoire de Jason et de Médée ou la conquête de la Toison d'or. Quatorze pièces. Belles épreuves.

666 — **Bry** (J. Th. de). Manches de couteaux, étuis, dés et bracelets, etc. Huit pièces. Très belles épreuves.

667 — **Bry** (Th. de). Grotis por les orfevre et aultre artisiens. Trois pièces d'une suite de quatre. Belles épreuves.

668 — Manches de couteaux et bouts de fourreaux d'épées. Six pièces à deux sujets sur une même feuille. Très belles épreuves.

669 — **Callot** (J.). Lux claustri, la Lumière du cloître. Suite de vingt-sept pièces en 1 volume, petit in-4, obl., cart., manque le titre.

670 — Les misères et les malheurs de la guerre représentés par Jacques Callot, noble Lorrain, et mis en lumière par Israel, son ami. A Paris, 1633. Suite de dix-huit estampes en 1 volume in-4, obl. demi-rel., mar. vert, dos et coins. (Trautz-Bauzonnet).

Très belles épreuves avec l'adresse d'Israel et le privilége, grandes marges.

671 — *Il Callotto resuscitato.* Suite de cinquante figures grotesques dans des entourages d'ornements.— Les Mois de l'année, douze pièces. En tout soixante-deux pièces en 1 vol. in-folio, broché.

672 — **Caravage** (Polydore de). Trophées d'armes en largeur. Suite de six pièces, dont un titre. Belles épreuves.

673 — **Caravage** (Polydore de) **et autres.** Vases. Quinze pièces. Belles épreuves.

674 — **Cauvet** (G. P.) Frises d'ornements. Six pièces.

675 — **Claas** (Allart). Saint Jérome. Pièce non décrite. Belle épreuve, marge.

676 — **Cochin** (Ch. N.). Histoire du roi Louis XV, par Médailles. Suite de neuf estampes in-folio avec texte gravé, chaque page dans un entourage d'ornements et culs-de-lampe à la fin de chaque notice. 1 vol. in-folio, cart.

677 — **Collaert** (Hans). Pendants d'oreilles et pendeloques. Huit pièces. Très belles épreuves.

678 — **Collaert** (Adrien). Sujets mythologiques placés dans des ronds entourés de riches ornements grotesques sur fond noir. Suite de six pièces; dans deux de ces pièces le sujet du milieu est coupé.

679 — **Cuviller** (F. de). Livre de pieds de tables de différents desseins... Suite de six pièces. Belles épreuves.

680 — **Daubigny** (Philippe Cordier), 1635. Motifs d'arquebuserie pour batteries de fusil. Trois pièces. Très belles épreuves. Rares.

681 — **Delaune** (Etienne). Titre (R. D., 397) et trois sujets d'ornements de différentes suites. Quatre pièces. Très belles épreuves.

682 — Six pièces des mois de l'année. Belles épreuves.

683 — **Divers.** Cartouches, titres, écussons, etc. Seize pièces par Toro, Oppenor, de Bry et autres.

684 — Ornements divers, vases, cheminées, etc., par Bacqueville, Bouchardon, Mondon, Lalonde, Watteau et S. Le Clerc. Quatorze pièces.

685 — Ornements divers, par Charpentier, Cuvilliés, Prieur, Nilson, D. Marot, Leroux, Cornille, etc. Vingt-sept pièces.

686 — Vases, cartouches, arabesques, frises, etc. Dix-sept pièces, par Le Pautre, Della Bella, Toro, Blondus, Berain, etc.

687 — Fleurons, titres et dessus de tabatières. Dix-sept sujets coupés de grandes pièces.

688 — **Du Cerceau** (J. Androuet). Meubles, cabinets, dressoirs, tables, portes, lits, gaînes, thermes, etc. Quarante-quatre pièces en 1 vol. in-folio vel. Les épreuves sont de premier tirage et ont de grandes marges; une planche est un peu déchirée.

689 — Fonds de coupes, figures et ornements.. Neuf pièces. Superbes épreuves, grandes marges.

690 — Meubles, vases et petites arabesques. Dix-neuf pièces. Belles épreuves.

691 — **Du Cerceau** (Paul Androuet). Dessins de Campanes pour les brodeurs. Suite de six pièces. Très belles épreuves, grandes marges.

692 — **Du Cerceau** (Paul Androuet). Fleurs pour la broderie. Trois pièces.

693 — **Floris et Cotelle**. Panneaux grotesques avec cartouches au milieu, — Modèles de cheminées, etc. Dix pièces. Très belles épreuves.

694 — **Forty** (J. F.). Projet de deux toilettes, etc. Deux pièces d'une suite de douze.

695 — **Galle** (Th.). Vita S. Joseph Beatissimæ Virginis sponsi patriarcharum maximi. Iconibus delineata ac versiculis exornata. Antverpiæ, Theodorus Galleus excudebat. Suite de trente estampes, y compris le titre et la dédicace, en 1 vol. in-8, broché.

696 — **Geraerd** (d'après Marc). Passio verbigenæ quæ nostra redêptio Christi nos ducit ad summi tecta paterna Poli. Suite de quatorze pièces de formes ovales, y compris un titre. Très belles épreuves.

697 — **Gillot** (Cl.). Scènes de comédies. Six pièces. Belles épreuves.

698 — **Grobelot** (Mathurin). Arabesques avec figures fantastiques en bas, gravure sur fer pour modèle de serrure. Rare.

699 — **Histoire** du père Jean-Baptiste Girard, jésuite et recteur du collège de la Marine, à Toulon, et de la damoiselle Marie Caterine Cadiere..., contenant les faits principaux mentionnés au procès, suivant les factums imprimés par Gissey de Bordelet. A Paris, 1 vol. in-folio contenant trente et une planches et un titre. Cart.

700 — *Histoire* de Tom, Jerry et Logic, en une suite de vingt-quatre gravures en couleur, dans 1 vol. in-8, obl., cart.

701 — **Hurtu** (J.). Ornements pour orfèvres, gravés en silhouette, blanc sur fond noir. Quatre pièces. Très belles épreuves.

702 — **Indau** (J.). Neve inuenzione de Rabeschi, e fogliani Romani di Giovanni Indau ebanista di Camera.....stampati in vienna. Elias Nessenthaler, 1685. Suite de six pièces et un titre, — Couronnements et côtés de cadres, sept pièces. En tout quatorze pièces avec marges.

703 — **Jacquard** (Antoine). Boîtes de montres. Deux pièces. Très belles épreuves avec marges.

704 — Modèles de serrurerie. Trois pièces. Très belles épreuves.

705 — **Jannichen** (Michel). Les numéros 5 et 6 de : A New Book of flowers for Gold-smiths made by Michel Jannichen. Très belles épreuves. Rares.

706 — **La Collombe** (de). Nouveaux desseins d'arquebuseries, dessinés et gravés par De la Collombe, Paris, 1730. Se vend chez De Marteau, élève de feu M. De la Collombe. Suite de onze pièces y compris le titre. Très belles épreuves.

707 — **De La Joue**. Cartouches et écrans. Quinze pièces, gravées par Huquier. Belles épreuves.

708 — **Lalonde**. Chambranle de cheminées. Dixième cahier de l'œuvre, première partie, complet. Belles épreuves, toutes marges.

709 — Serrurerie. XXVIe cahier de l'œuvre, première partie, complet. Très belles épreuves, toutes marges.

710 — Premier, deuxième et troisième cahiers de meubles et d'ébénisterie, dessinés par Lalonde. Deuxième partie. Le troisième cahier est incomplet du numéro 1. Très belles épreuves, toutes marges. Dix-sept pièces.

711 — Premier cahier de meubles et d'ébénisterie, dessinés par Lalonde, complet. Belles épreuves, toutes marges.

712 — **Langlois et Mariette** (A Paris, chez). L'Architecture à la mode où sont les nouveaux dessins pour la décoration des bâtiments et jardins, par les plus habiles architectes, sculpteurs, peintres, menuisiers, jardiniers, serruriers, etc. Cent soixante-dix pièces de ce livre rare. Très belles épreuves avec marges.

713 — **Lefebvre** (François). Fleurs et feuilles pour servir à l'art d'orfévrerie, 1635. Cinq pièces, dont trois coupées en ovale, et deux avec des sujets dans le goût de Callot en bas. Belles épreuves.

714 — **Légaré** (Gédéon). Dessins de feuillages pour orfèvrerie. Deux pièces. Belles épreuves.

715 — **Légaré** (Gilles). Livre des ouvrages d'orfèvrerie, fait par Gilles Légaré, orfèvre du Roy..., 1663. Suite de douze pièces. Belles épreuves.

716 — La même suite incomplète de deux planches. Belles épreuves.

717 — Dix pièces doubles de la suite précédente. Belles épreuves.

718 — Quatre pièces du second livre des ouvrages d'orfèvrerie. Belles épreuves.

719 — **Lepautre** (J.). Académie de dessin. Pièce in-4. Belle épreuve.

720 — Alcôve. — Lambris à l'italienne. — Vases d'ornement. Jardins. — Vases. — Sujets mythologiques. — Ornements divers, etc. Quatre-vingt-neuf pièces. Très belles épreuves.

721 — Vases et ornements divers, dont un des buffets de Marly. Neuf pièces.

722 — **Leroux, Mansart** et P. **Lepautre**. Nouveaux lambris de galeries, chambres et cabinets. — Portes à placard et lambris. — Cheminées et lambris à la mode. Vingt et une pièces.

723 — **Leyde** (Lucas de). Tête d'un guerrier (B., 160). Belle épreuve.

724 — Une composition d'ornemens (B., 162). Belle épreuve.

725 — Un Panneau d'ornemens (B., 164). Belle épreuve.

726 — Les Enfants guerriers (B., 165). Belle épreuve.

727 — **Lochon** (M. Van). Les beaux et bien adroits Joueurs de toutes sortes de jeux. Suite de huit estampes imitées de J. Callot. Rares.

728 — **Loir** (A.). Brasiers. — Panneaux d'ornement. — Plafonds, etc. Quatorze pièces.

729 — **Loir** (N.). Nouveaux dessins de guéridons, dont les pieds sont propres pour des croix, chandeliers, chenets et autres ouvrages d'orfèvrerie et de sculpture. Suite de six pièces. Belles épreuves.

730 — Ornements de panneaux. Suite de douze pièces. Belles épreuves.

731 — **Magneney excudit.** Armoires Ecclésiastiques. Quarante-neuf planches in-fol. Très belles épreuves, marges.

732 — **Maître anonyme du seizième siècle, au monogramme P. N. V.** Modèles d'orfèvrerie, fond de coupe, gobelets, etc. Suite de neuf pièces numérotées, gravées au pointillet. Superbes épreuves avec marges. Très rares.

733 — **Maître de 1551.** Vases en forme de hanaps. — Coupes doubles de diverses grandeurs. — Coupe de forme surbaissée. — Buires, etc. Dix-sept pièces. Superbes épreuves, de la plus grande rareté, avec marges.

734 — **Maître au monogramme GG.** Dessins pour agrafes et boîte de montre. Trois pièces. Très belles épreuves. Rares.

735 — **Maître P. V. L.** Le Maître de la vigne de l'Evangile (B., 1). Belle épreuve.

736 — **Maître I. B.** La Gaîne à la Vénus (B., 52). Belle épreuve.

737 — **Maître hollandais**, XVIIe **siècle.** Alphabet orné, avec figures d'enfants. Vingt-quatre pièces. Très belles épreuves.

738 — **Marot** (D.). Nouveau livre de serrurerie, inventé par D. Marot. Suite de six pièces. Très belles épreuves.

739 — Nouveaux livre de boîtes de pendulles. . . . 6 p.
Second livre d'orlogeries. . . . . 6 p.
Livre d'appartement. . . . . 6 p.
Livre d'orfévrerie et autres. . . . . 3 p.
En tout vingt et une pièces. Trois belles épreuves.

740 — **Marot** (D.). Plafonds, vases, etc. Sept pièces.

741 — **Masson.** Nouveaux desseins pour graver l'orfèvrerie, inventés et gravés par le sieur Masson. Paris, chez J. Mariette. Suite de six pièces. Belles épreuves.

742 — **Merian** (Mathieu). Dessins d'orfèvrerie, représentant des allégories, des figures de la fable, etc., entremêlées de rinceaux et de fleurs. Quatorze pièces.

743 — **Mignot** (Daniel). Pendeloques ornées de perles ou de pierreries enchâssées dans des rinceaux d'ornements et accompagnées vers le bas de petits pendants d'oreilles attachés des deux côtés par un fil. Vingt-trois pièces. Très belles épreuves. Rares.

744 — Aigrettes ornées de pierreries enchâssées dans des rinceaux et accompagnées d'animaux fantastiques et diableries gravées en silhouettes. Sept pièces. Très belles épreuves.

745 — Pendeloques représentant les Vertus, figurées par des femmes debout dans des niches entourées d'ornements. Sept pièces. Très belles épreuves.

746 — **Mignot** (P.). Culs-de-lampe ornementés, avec sujets au milieu. Trois pièces. Très belles épreuves.

747 — **Montcornet** (B.). Livre nouveau de fleurs très utile pour l'art d'orfévrerie et autres, dédié à Jean de Leins. Paris, chez Baltazar Montcornet, 1645. Suite de douze pièces et le titre. Très belles épreuves.

748 — **Morisson** (F.-J.). Motifs d'ornements pour la bijouterie et la joaillerie, etc. Quinze pièces.

749 — **Passe** (Crispin de). Les Eléments. Suite de quatre pièces de formes rondes. Belles épreuves.

750 — **Pater** (d'après). Suite de quinze estampes in fol. en largeur, pour le *Roman Comique* de Scarron, gravées par Surugue, Scotin, Jeaurat, Lépicié, en un vol. in-fol. cartonné.

751 — **Pineau** (D.). Cartouche pour l'Académie de Saint-Luc, gravé par Babel. Epreuve sans inscription au milieu. — Autre cartouche pour la même Académie. Epreuve avec inscription au milieu.

752 — Nouveaux dessins de pieds de table, de vases et consoles de sculpture en bois inventés par le sieur Pineau, sculpteur. Cinq pièces. Très belles épreuves, toutes marges.

753 — Nouveaux desseins de plaques, consoles, torchères et médaillers, de l'invention du sieur Pineau. Suite de six pièces. Très belles épreuves, toutes marges.

754 — Nouveaux desseins de plafonds inventés par Pineau, et qui peuvent s'exécuter en sculpture ou en peinture. Cinq pièces. Très belles épreuves.

755 — **Ponce** (N.). Recueil d'estampes représentant les différents événements de la guerre qui a procuré l'indépendance aux Etats-Unis de l'Amérique. Suite de quinze pièces, dont deux cartes, en un vol. in-4 cart.

756 — **Prieur**. Deuxième cahier de sujets arabesques, utile aux artistes et élèves. Six pièces. Belles épreuves.

757 — **Quatrelivre** (J.). Livre des plus beaux dessins de portraiture pour servir à plusieurs sortes de personnes, comme brodeurs, tapissiers, orfèvres et autres se servant du dessein, par Jacques Quatrelivre, découpeur. Suite de vingt pièces. Superbes épreuves. Très rares.

758 — **Queverdo, Salembier** et **Delettre**. Panneaux, frises et arabesques. Douze pièces.

759 — **Recueil** contenant cent cinquante-huit estampes par Callot, della Bella, Perelle, etc. Un vol. in-4 obl. veau.

760 — **Recueil** de comédiens avec leurs costumes, par Gillot, costumes par Joullain, pièces en couleur par Saint-Aubin et Bonnet. Vingt-quatre pièces en un vol. petit in-4, cart.

761 — **Recueil** de vues de châteaux et villes de France, grottes, fontaines et jardins, par Silvestre, Perelle et Lepautre. Soixante-sept pièces en un vol. in-4 obl., veau. Ce vol. contient en outre : Nouveau Atlas français par J. Chiquet. — Les Véritables portraits des Rois de France..... A Paris, chez la Veuve Chiquet, 1724.

762 — **Recueil** contenant quatre cents pièces, plans et vues d'hostels, monuments et palais à Paris. — Vues de Paris et de France par Silvestre, Perelle, Aveline, Meryan, vues tirées du *Voyage en Franve* de Delaborde. Un vol. in-fol. bas.

763 — **Recueil** de cartes de visite italiennes. Deux cents pièces en 1 vol. in-4, cart.

764 — **Roupert (Louis) et Bourguet.** Dessins de feuillages et d'ornements pour l'orlèvrerie et la niellure. Treize pièces. Belles épreuves.

765 — **Sadeler** (J.). La Passion de Notre-Seigneur Jésus-Christ, scènes dans des ovales enrichis d'ornements grotesques. Douze pièces. Belles épreuves.

766 — **Schubler.** Modèles de grilles, de croix et rampes d'escalier. Six pièces.

767 — Jets d'eau, — Ordres d'architecture, — Voitures, — Traîneaux, — Chaises à porteur, etc. Dix-huit pièces. Très belles épreuves, marges.

768 — **Silvestre** (Israël). Vues de Paris, de France et de Rome. Deux cent cinq pièces, parmi lesquelles les petites vues de Paris, qui sont les plus rares, plus le portrait de Silvestre par Edelinck, et dix vues par Perelle. 1 vol. in-fol., cart.

769 — **Silvestre et Mercati.** Vues de Paris, de France et d'Italie. Deux cent quinze pièces en 1 vol. in-4 obl., veau. Les épreuves contenues dans ce recueil sont à toutes marges, et dans le nombre se trouvent une partie des pièces rares, sur Paris.

770 — **Simony** (P.). Aigrettes et palmettes d'orfèvrerie. Deux pièces. Très belles épreuves, nos 2 et 23 de la suite.

771 — **Solis et Delaune.** Frise avec portraits de rois et reines d'Allemagne, — Montant d'ornements, — Sujets tirés de l'histoire de Loth, etc. Sept pièces.

772 — **Sordot** (Gerardus). Dessins de bijouterie en silhouette, représentant une grande variété de petits motifs avec fleur de lis au milieu. Très belle épreuve d'une pièce très rare.

773 — **Toutin** (J.), 1619. Dessins d'orfèvrerie, feuillages, médaillons, etc., sur fond noir, accompagnés, vers le bas, des figures à la mode du temps, sur fonds de paysages. Suite de sept pièces. Très belles épreuves. Rares.

774 — Quatre pièces d'une autre suite, plus trois doubles de la suite précédente. Sept pièces. Très belles épreuves.

775 — **Tyroff.** Devises de la plus nouvelle façon pour les amateurs de toute sorte de science et des professions. Quatre pièces. Belles épreuves, marges.

776 — **Vauquer** (J.). Livre de fleurs propres pour orfèvres et graveurs. Neuf pièces et un titre. Belles épreuves.

777 — Médaillons renfermant des scènes bibliques, accompagnées sur les côtés de petites frises sur fond noir, de petites corbeilles de fleurs et de petits bouquets, neuf pièces, avec un frontispice servant de dédicace, — livre de fleurs, onze pièces. En tout, vingt et une pièces en 1 vol. in-4 obl., veau.

778 — **Vauquer, Jacquart, Bourguet,** etc. Ornements pour orfèvres et bijoutiers. Quarante-sept pièces, morceaux découpés de sujets plus grands.

779 — **Vinciolo.** Les singuliers et nouveaux pourtraicts et ouvrages de lingerie... nouvellement inventez par le seigneur Federic de Vinciolo, Vénitien. A Paris, par Jean Le Clerc le jeune... 1587. In-4, broché. Incomplet de huit feuillets.

780 — **Visscher** (C.) excudit. Dessins pour agrafes de ceinturons. Trois sujets sur une même feuille. Belle épreuve.

GRAVURES ENCADRÉES

ALDEGREVER (H.)

781 — Adam et Ève chassés du Paradis (B. 5), — Lazare à la porte du mauvais riche (B. 45), — Tarquin et Lucrèce (B. 64), — Médée et Jason (B. 65), — les Danseurs de noce, etc. Sept pièces. Belles épreuves.

782 — Hector, 1532 (B. 70). Belle épreuve.

BEHAM (H.-S.)

783 — Adam et Ève chassés du Paradis (B. 7), original et copie, — Didon (B. 80), — La fortune contraire (B. 141). Quatre pièces. Belles épreuves.

784 — Jésus-Christ et la Samaritaine (B. 24). — Jésus-Christ chez Simon le pharisien (B. 25). Deux pièces. Belles épreuves.

785 — Six pièces de la suite des Vertus chrétiennes (B. 129-136), — Le Soleil, — La Lune (B. 117 et 120). — Huit pièces. Belles épreuves.

DURER (Albert)

786 — Pilate se lavant les mains (B. 11). Très belle épreuve.

787 — Adam et Ève, — Jésus-Christ amené à Pilate, — Jésus-Christ devant Caïphe, — La Mise au tombeau, — La Vierge allaitant l'Enfant Jésus, — Saint Christophe. Six pièces. Copies.

ÉCOLE ALLEMANDE et DELAUNE

788 — Combat de guerriers romains, pièce en forme de frise, — Le Triomphe de Bacchus, d'après le maître I. B. — Trajan entre la ville de Rome et la Victoire. Trois pièces.

FICQUET (Étienne)

789 — *La Fontaine* (Jean de), d'après Rigaud, — *Rousseau* (J.-J.), d'après de la Tour. Deux portraits in-8 dans des cadres en bois sculpté.

790 — *Molière* (J.-B. Poquelin de), d'après Coypel. In-8. Belle épreuve.

791 — *Molière* (J.-B. Poquelin de), d'après Coypel, — *La Fontaine* (J. de), d'après Rigaud. Deux portraits in-8. Belles épreuves.

LEYDE (L.)

792 — Saint Joachim et sainte Anne (B. 34). Belle épreuve.

MALGO (J.)

793 — *Lamballe* (Marie-Th.-Louise de Savoie-Carignan, princesse de), d'après Ant. Hickel. Grand in-fol. Très belle épreuve.

PENCZ (George)

794 — Pièce de l'*Histoire de Tobie* (B. 19), — Sujets des Œuvres de miséricorde (B. 58 et 62), — Marc Curce (B. 75), — Médée (B. 79), — Tarquin et Lucrèce (B. 78), La Mort de Lucrèce (B. 79). Sept pièces. Belles épreuves.

TOSCHI (P.)

795 — Entrée de Henri IV dans Paris, d'après Gérard. Superbe épreuve avant la lettre, les noms d'artistes tracés à la pointe.

796 — Sous ce numéro, il sera vendu par lots environ 40 portefeuilles d'estampes de toutes les écoles, Ornements, Lithographies, Sujets historiques, etc., Gravures et Dessins encadrés.

DESSINS

ANONYME

797 — *Angoulême* (Diane de France, duchesse d').

A la mine de plomb.

ANTOINE (J.-D.)

798 — Frise d'ornement avec attributs divers, — frise d'ornement avec écusson soutenu par deux syrènes.

Deux dessins à la plume et lavis d'encre de Chine.

799 — Buffets d'orgues.

Deux dessins à la plume et lavis d'encre de Chine; un est signé et daté de 1762.

BERAIN (J.)

800 — Panneau d'ornement en hauteur; au milieu : Mars et Vénus.

A la plume et lavis de sépia.

801 — Plafond de l'hôtel de Condé, avec les chiffres et couronne du prince.

A la plume et lavis d'encre de Chine.

BERGMULLER, 1756

802 — Dossier d'une chaire à prêcher, — modèles de cadres et écrans.

Trois dessins à la plume et lavis.

BIBIENA

803 — Entrée d'un palais.

A la plume et lavis de bistre.

BOFFRAND

804 — Coupe de la chambre à coucher de M. le prince de Rohan.

A la plume et lavis d'encre de Chine et d'aquarelle.

BOUCHER (F.)

805 — Jeune femme debout, sortant des cabinets.

Au crayon noir, rehaussé de blanc. Signé.

806 — Le Chaudronier.

A la sanguine; a été gravé dans la suite des *Métiers de Paris*.

807 — Paysages rustiques.

Deux dessins faisant pendants, à la sanguine.

BRAUWER (C.)

808 — Intérieur de cabaret.

Au crayon noir, rehaussé de blanc, sur papier bleu.

CHARNACÉ (Mme DE)

809 — *La Vallière* (Mlle de).

Au crayon noir et lavis d'encre de Chine; a été gravé par Flameng.

CHATELET

810 — Entrée d'un palais en ruines, avec figures sur le devant.

Aquarelle.

CHAUVET

811 — Titre pour *Les Bas fonds de la Société*, par Henri Monnier.

A la plume et lavis d'encre de Chine.

CHOFFART (P.-P.)

812 — Titre d'un livre in-folio, avec encadrement et fleuron aux armes du roi, sur un trophée d'attributs militaires.

A la plume et lavis de sépia.

CICERI, DAUZATS ET MAYER

813 — Dessin pour l'ouvrage du baron Taylor : *La Syrie, l'Egypte, la Palestine et la Judée.*

Soixante-sept dessins au lavis de sépia.

COCHIN (Ch.-N.)

814 — Sujets mythologiques et historiques, pour décoration de plafonds.

Huit dessins au crayon noir et encre de Chine.

COYPEL (Ch.)

815 — *La Psyché*, de Molière, acte IV, scène III, représentée dans un cartouche ornementé avec écusson en haut.

Aux trois crayons et aquarelle.

DAMUN (J.)

816 — Représentation du feu d'artifice qui fut tiré dans la place de l'Hôtel de Villle de Paris, à l'occasion du mariage de Monseigneur le Dauphin, le 13 février 1747.

La partie architecture est gravée, et toutes les figures et autres allégories sont dessinées à la plume et lavis d'encre de Chine.

DAVID

817 — Marat, expirant dans sa baignoire.

Croquis au crayon.

DELAFOSSE (J.-C.)

818 — Fontaine publique.

A la plume et lavis d'encre de Chine.

819 — Trophées d'artillerie, arquebuserie, pyrotechnie.

Quatre dessins à la plume et lavis d'encre de Chine.

820 — Trophées de guerre.

Deux dessins à la plume et lavis d'encre de Chine.

821 — Trophée militaire avec armoiries au milieu.

A la plume et lavis d'encre de Chine.

822 — Bonnet de grand-prêtre, — Bonnet de triton, — Bonnet de magicien, — Bonnet de magicienne.

Quatre dessins sur deux feuilles. A la plume et lavis de bistre.

DELAFOSSE (J.-C.)?

823 — Trophées d'amour, de musique, de jardinage et d'agriculture.

Quatre dessins à la plume et lavis d'aquarelle.

DELAMONCE

824 — L'Arc de Triomphe du Jardin de Versailles.

A la plume et lavis d'encre de Chine.

DESRAIS (C.-L.)

825 — Costume d'un cardinal assistant à l'assemblée des Etats Généraux de Franec.

A la plume et lavis de sépia.

826 — Médaillon pour un portrait avec attributs divers; en dessous, une frise représentant l'attaque de la Bastille.

A la plume et lavis d'encre de Chine.

DESRAIS ET **MONET**

827 — Guerrier à cheval et sujets relatifs à la Révolution française.

Trois dessins in-4, au lavis d'encre de Chine et mine de plomb.

DEVERIA?

828 — Costumes de femmes vers 1830, ayant été gravés et publiés dans la suite de La Mesengère.

Quinze dessins au crayon noir et lavis de sépia.

DIVERS

829 — Portraits.

Sept dessins à la plume et crayon noir.

830 — Portraits pour illustration.

Six dessins au lavis de sépia et d'encre de Chine.

831 — Ornements, paysages, caricatures, etc.

Vingt-six dessins.

DUMOUSTIER (D.)

832 — Portrait de femme.

Aux trois crayons.

833 — Portrait de jeune fille.

Aux trois crayons.

834 — Portrait de femme.

Aux trois crayons.

835 — Portraits d'hommes.

Deux dessins aux trois crayons.

DURER (ALBERT)?

836 — Etudes de têtes, — Sainte debout.

Trois dessins à la plume, portant le monogramme de l'artiste.

DYCK (ANT. VAN)

837 — Vulcain forgeant les armes de Mars.

A la plume et sanguine, avec lavis de bistre.

ECOLE HOLLANDAISE

838 — Intérieur d'un magasin hollandais.

A la plume et lavis de bistre.

ÉCOLE FRANÇAISE DU XVe SIÈCLE

839 — *Bourgogne* (Charles le Téméraire, duc de). Portrait in-folio.

Au crayon noir et lavis de couleurs.

ÉCOLE FRANÇAISE DU XVIIe SIÈCLE

840 — Le jeu du roi, — Le jeu de la reine. Composition dans un cartouche ornementé, pour éventails des dames et demoiselles de la cour.

A la plume.

ÉCOLE FRANÇAISE DU XVIIIe SIÈCLE

841 — Les avantures du fameux don Quichotte de la Manche et de Sancho-Pança son écuyer.

Suite de vingt-trois dessins à la plume et lavis de sépia, pour une édition in-4 de ce roman célèbre.

842 — Jeune fille tenant des fleurs.

A la mine de plomb et crayon de couleur.

843 — Louis XVI et son valet de chambre à la prison du Temple.

A la plume et lavis d'encre de Chine.

844 — Vase dont le couronnement représente un autel consacré à Cérès. . . qui repose sur un socle orné de trophées d'armes. . . .

A la plume et lavis d'encre de Chine, un peu rehaussé de couleurs.

845 — Modèle de traîneau.

A la plume et lavis d'encre de Chine et d'aquarelle.

846 — Dessin d'autel.

A la plume et lavis d'encre de Chine, un peu rehaussé de couleurs.

847 — Modèle de chenet surmonté d'une boule, formant cadran de pendule semé de fleurs de lis ; en haut, la couronne royale.

A la plume et lavis de bistre.

848 — Panneaux d'ornement, — Arabesques, — Girandoles, — Flambeaux, — Vases, — Soupières, etc.

Onze dessins à la plume et lavis de bistre et d'encre de Chine.

849 — Projets d'architecture et vues de la cathédrale de Rodez.

Vingt dessins au lavis d'encre de Chine et crayon noir.

ÉCOLE MODERNE

850 — Modèles de tables et consoles de divers styles.

Neuf dessins à la plume et lavis d'encre de Chine et de sépia.

FONTANIEU

851 — Vase.

A la sanguine.

GOLTZIUS (H.)

852 — L'adoration des Mages.

A la plume et lavis d'encre de Chine.

853 — La Vierge tenant l'Enfant-Jésus dans ses bras.

Au crayon noir et sanguine.

GREUZE (J.-B.)

854 — Tête d'un jeune garçon.

A la sanguine.

855 — Tête de jeune fille.

A la sanguine.

856 — Tête d'un jeune homme.

A la sanguine.

857 — Tête d'un jeune garçon.

A la sanguine.

858 — Tête d'homme affligé. Étude pour *Le Fils Puni*.

A la sanguine.

859 — Tête d'enfant.

A la sanguine.

860 — Enfant couché.

A la sanguine.

HUET (J.-B.)

861 — La Peinture, composition pour dessus de porte.

A la plume et lavis d'encre de Chine, signé et daté 1787.

JONGE (VANDER MEËR DE)

862 — Paysages. Deux dessins faisant pendants.

Au lavis d'encre de Chine.

LAFITTE

863 — Enlèvement de Proserpine, — Triomphe de Cérès. Deux dessins en forme de frises.

A la sépia.

LANGENDYCK (J.-A.)

864 — Chevaux à l'abreuvoir dans une cour d'auberge.

Aquarelle, signée et datée 1802.

LAGNEAU

865 — Portrait d'un vieillard.

Aux trois crayons.

LARGILLIÈRE (N. DE)

866 — Portrait de femme, représentée assise dans un fauteuil.

A la sanguine.

867 — Portraits de femmes.

Onze dessins au crayon noir rehaussés de blanc, sur papier de couleur.

LAPI (EMILIO)

868 — Pâris enlevant Hélène.

Miniature signée et datée 1796.

LE BAS (J.-P.)

869 — Jeune dame et seigneur à la promenade.

Au lavis d'encre de Chine.

LE BESGUE (PIERRE)

870 — Château du marquizat de Mauregard, seigneur du Mesnil... appartenant à M. le président Le Cousturier, anno Dⁱ 1740. Plans et vues.

Onze dessins au lavis d'encre de Chine, en 1 vol. in-fol., veau.

LE CLERC (SÉBASTIEN)

871 — Celeritas et providentia, 1678.

Dessin de forme ronde, au lavis d'encre de Chine.

LÉLU (P.)

872 — Attitude de danse exécutée à l'Opéra, par Mlle Allard, en 1779.

A la sanguine.

LEPAUTRE (J.)

873 — Panneau décoratif avec vase et guirlandes de fleurs.

A la plume et lavis d'encre de Chine.

MAITRE ANONYME XVIe SIÈCLE

874 — Lanterne d'église.

A la plume et lavis d'encre de Chine.

MALAPEAU

875 — Sujets de batailles. — Paysages. — Sujets sur la mort, d'après della Bella.

Cinq dessins au crayon noir et mine de plomb.

MALLET

876 — Concert dans un parc.

Aquarelle.

MANSARD (F.)

877 — Porte de l'hôtel de Conti sur le quai Conti, du dessin de Mansard, sculpté par Le Pautre.

Au lavis d'encre de Chine.

MARÉCHAL

878 — L'Observatoire, deux vues différentes. — Fontaine de Jean Goujon au Luxembourg. — Le Luxembourg.

Quatre dessins à la plume et lavis de bistre.

MARLET

879 — Le Théâtre en plein vent sur la place Dauphine.

A la plume et lavis de sépia.

MEULEN (Van der)

880 — Louis XIV. — Condé. — Turenne. Portraits équestres.
Au lavis d'encre de Chine.

MONNET

881 — Deux dessins d'illustration pour *Télémaque*.
Au lavis d'encre de Chine, encadrés.

NANTEUIL (Robert)

882 — Portrait de Louis XIV.
Aux crayons de couleur et lavis.

NATOIRE (C.)

883 — Mars, Vénus et les Amours.
A la plume et lavis de bistre, rehaussé de blanc.

OPPENOR (G.-M.)

884 — Modèles de flambeaux.
A la plume et sanguine.

885 — Modèle d'autel.
A la plume.

886 — Modèle de cheminée monumentale.
A la sanguine.

OSTADE (A. Van)

887 — Intérieur de cabaret.
A la plume.

OUVRIÉ (Justin) et BONHOMMÉ

888 — Costumes et cérémonies qui ont eu lieu au mariage de S. A. R. le duc d'Orléans avec la princesse Hélène de Mecklembourg.
Trente-six dessins à la plume et aquarelle.

PIERRE (J.-B.-M.)

889 — *Le Misanthrope*. — *Georges Dandin*. Deux dessins, sujets tirés des comédies de Molière.
Au lavis d'encre de Chine, rehaussés de blanc.

PILLEMENT

890 — Cabanes chinoises.

Au crayon noir et lavis d'encre de Chine.

PRIEUR

891 — Écussons. — Lustres. — Torchères. — Arabesques et frises d'ornements, etc.

Quarante-deux dessins à la plume et lavis, rehaussés de couleur, sur fond teinté. Pourront être divisés en plusieurs lots.

PRIMATICE

892 — Diane partant pour la chasse.

A la plume et lavis de sépia.

RANSON

893 — Panneau décoratif en largeur.

A la plume et lavis d'aquarelle.

REMBRANDT

894 — Tobie et l'Ange.

A la plume et lavis de bistre.

895 — Joseph et la femme de Putiphar.

Croquis à la plume.

RIESENER

896 — Secrétaire à table en bois d'acajou, dont les panneaux seront fournis en bois peinte en forme de frise antique représent. des figures, sera orné de légers bronze doré d'or moulu, pour ce la some de 3,600 £. *Riesener.*

Dessins très curieux à la plume et lavis de bistre; en bas est l'inscription rapportée ci-dessus.

RUBENS (P.-P.)

897 — Étude du grand tableau de *Saint-Martin* qui se trouve à Londres.

Aux trois crayons.

SAINT-AUBIN (Aug. de)

898 — Portraits de *Montaigne*, — Mably, — Malherbe, — Montesquieu.

Quatre dessins au crayon noir et mine de plomb.

SLODTZ

899 — Bal à l'occasion du mariage de Monseigneur le Dauphin.

A la plume et lavis d'encre de Chine.

TAYLOR (Le baron)

900 — Sous ce numéro, il sera vendu six portefeuilles de dessins et croquis, par Dauzats, Ciceri, Mayer, Jorand, Laurens, Chapuy, Viollet-le-Duc et autres artistes ayant travaillé aux ouvrages du baron Taylor : *Voyages pittoresques et romantiques de l'ancienne France*, et : *La Syrie. l'Égypte, la Palestine et la Judée*...

TOUZÉ

901 — Le Brandon perpétuel.

Au crayon noir et mine de plomb.

VASSAL

902 — Modèles de voitures.

Cinq dessins au lavis d'encre de Chine et couleur.

VALENTINI (A. de)

903 — Le Désespoir d'une jeune femme.

Au lavis d'encre de Chine et mine de plomb.

VINCI (L. de)

904 — Études de têtes grotesques.

Quatre dessins à la plume.

VIEN (J.-M.)

905 — Mascarade turque. Suite de vingt-deux dessins ayant été gravés par l'artiste.

Au crayon noir et sanguine.

WAILLY (DE)

906 — Projet de décoration de la place Louis XV, à Paris.

A la plume et lavis d'aquarelle, signé et daté de l'an VIII de la République.

WENIX (J.)

907 — Nature morte.

Au lavis d'encre de Chine.

908 — Sous ce numéro, il sera vendu, par lots, plusieurs portefeuilles de dessins d'ornements, projets d'architecture, portraits, etc.

MINIATURES SUR VÉLIN

GOUACHES

909 — Miniatures et initiales, provenant de manuscrits français du douzième au quinzième siècle.

1° *Un saint Evangéliste*, miniature du douzième siècle, en mauvais état, de style byzantin; — 2° et 3° deux feuillets extraits d'un manuscrit de droit canon du treizième siècle, grands in-folio, ornés, l'un, d'une grande et belle miniature : *le Christ debout*, accosté de deux petites compositions : *le Jugement dernier* et *l'Enfer*; l'autre, d'une initiale historiée : *un docteur enseignant à des religieux*; — 4° superbes initiales ornées, etc., découpées dans des manuscrits du treizième siècle et collées sur un carton ; — 5° deux miniatures du treizième siècle : la *Vierge avec l'Enfant Jésus* et la *Décollation d'un saint évêque;* et une miniature du quinzième siècle : la *Visitation de sainte Elisabeth,* collées sur un carton ; — 6° un feuillet d'un choralier du quatorzième siècle, orné de belles initiales diaprées ; — 7° la *Cène,* miniature découpée dans un missel français du quinzième siècle.

910 — Miniatures et initiales provenant des manuscrits italiens du quatorzième siècle.

1° *Jésus debout dans un tombeau entre la Vierge et saint Jean,* admirable miniature provenant d'un antiphonaire de l'Ecole de Sienne, et renfermée dans une grande initiale à fond or ; — 2° et 3° quatre *Saints,* en deux miniatures d'un beau travail ; — 4° la *Naissance de la sainte Vierge ;* — 5° le *Massacre des Innocents ;* — 6° la *Vierge avec l'Enfant Jésus et un moine ;* — Saints, initiales et ornements, dix-huit miniatures collées sur sept cartons.

911 — Scènes de l'Ancien et du Nouveau Testament. Treize pièces de différentes grandeurs.

Superbes miniatures, sous forme d'initiales historiées, provenant d'un antiphonaire du quinzième siècle. L'art florentin y brille de tout son éclat. Elles sont l'œuvre de plusieurs artistes. Quelques-unes de ces compositions ont la valeur de petits tableaux, par leur belle ordonnance, par la correction du dessin, l'expression des physionomies et l'harmonie du coloris. Voici l'indication des sujets : 1° *Moïse*, et plusieurs personnages ; — 2° *Dieu parlant à David* (?) ; — 3° la *Naissance de la sainte Vierge* ; — 4° *Jésus calmant la fureur des flots* ; — 5° la *Résurrection* ; — 6° *l'Ange fermant le Saint-Sépulcre* ; — 7° les *Saintes Femmes au tombeau du Christ* ; — 8° l'*Ascension* ; — 9° la *Descente du Saint-Esprit* ; — 10° les *Apôtres enseignant aux Gentils* ; — 11° l'*Assomption de la Vierge* ; — 12° la *Sainte Trinité et six Apôtres* ; — 13° *une Procession*.

Les initiales elles-mêmes offrent un grand intérêt au point de vue décoratif. Elles sont sur fond or.

912 — Miniatures et initiales provenant des manuscrits italiens du quinzième siècle.

1° et 2° *Saint Etienne* et *saint Laurent*, deux peintures remarquables ; — 3° et 4° deux feuillets extraits d'un missel ; sur l'un est représenté *saint Paul* et cette page est entourée d'une délicieuse bordure à arabesques, style Renaissance ; l'initiale de l'autre offre l'effigie de *saint Jean-Baptiste* ; — 5°, 6° et 7° *Dieu lançant des foudres*, et deux *Saints religieux*, trois miniatures en camaïeu ; — 8° l'*Entrée de Jésus à Jérusalem*, dans une grande initiale.

913 — Fragment d'un *Graduel*. Seize feuillets gr. in-fol.

Feuillets détachés d'un manuscrit flamand du quinzième siècle, ayant appartenu à une abbaye des chanoines réguliers. Chaque feuillet est orné d'une miniature sous forme d'une initiale historiée. En outre, au bas du premier est une seconde peinture représentant un Pape abritant sous sa cape une congrégation de religieux, en costume bleu, coiffés d'aumusses. Les six premières miniatures représentent le roi *David* dans les différents moments de sa vie. La septième, *trois religieux chantant au lutrin*. Les suivantes ont pour sujets : 8° la *Naissance de la Sainte Vierge* ; — 9° l'*Annonciation* ; — 10° la *Présentation au Temple* ; — 11° l'*Assomption de la Vierge* ; — 12° la *Toussaint* ; — 13° *Saint Pierre* et *Saint Paul recevant, à l'entrée d'un palais, la congrégation de religieux précédés de leur abbé* ; — 14° *Quatre Apôtres* ; — 15° *Saint Jean-Baptiste* ; — 16° *Saint Laurent*.

Plusieurs de ces miniatures sont d'un véritable artiste ; toutes sont remarquables par leur caractère réaliste et la recherche de l'expression Leur côté décoratif est d'un intérêt particulier.

Nombreuses autres initiales en couleurs.

914 — Trois miniatures flamandes du quinzième siècle.

1° *Jésus en croix entre la Vierge et sant Jean*, pièce d'un intérêt particulier, car elle paraît être une gravure sur bois peinte en miniature; — 2° *Jésus en croix entre la Vierge et saint Jean*, grande et belle miniature, sur fond bleu à rinceaux d'or, exécutée par un excellent artiste de l'école de Bruges; — 3° *Jésus descendu de la croix par un religieux;* à côté, une religieuse à genoux; au bas, trois écussons avec armoiries.

915 — Miniatures et initiales provenant des manuscrits flamands et allemands du quinzième siècle.

Douze sujets représentant, dans des initiales, des scènes du Nouveau Testament et des Saints, et nombreuses initiales à fond or guilloché, le tout collé sur six cartons. L'une des miniatures représente *Saint Sébald*, patron de Nuremberg, et à ses pieds est un écusson avec ces armes : *d'or à 3 léopards contournés d'azur.*

916 — Six feuillets détachés de trois livres de lutrin. Gr. in-fol.

Ils sont homogènes deux par deux, et chacun est orné d'une grande miniature sous forme d'initiale historiée.

Deux grandes compositions : la *Nativité* et l'*Adoration des Mages*, sont particulièrement brillantes et d'un grand faste. Travail flamand du quinzième siècle.

Deux autres, représentant les mêmes sujets, sont plus modestes et plus naïves, et semblent avoir été exécutées dans la contrée rhénane au quinzième siècle.

Les deux dernières : *Dieu parlant au roi David* et la *Résurrections* fort remarquables, sont d'une main flamande du quinzième siècle.

Le texte est en outre orné de belles initiales en couleurs.

917 — Six feuillets détachés de deux livres de lutrin. Gr. in-fol.

Travail allemand du quinzième siècle. Chaque feuillet est orné d'une miniature sous forme d'initiale historiée. La première représente *Dieu le Père* sollicité par trois personnes à genoux. Ornements débordant sur les marges, au milieu desquels, en haut, un ange tient un écusson avec ces armoiries : *d'argent au sautoir de gueules; à la bordure de sable chargée de fleurs de lis dor*, armoiries répétées dans le bas, surmontées d'*un tau d'azur*. La miniature du second feuillet représente la *Descente du Saint-Esprit;* sur le terrain, contre un mur, deux médaillons armoiriés : d'*or à un tau d'azur*, et les armoiries ci-dessus.

Les quatres autres feuillets proviennent d'un même manuscrit. Les initiales historiées représentent : 1° l'*Ascension;* 2° la *Descente du*

Saint-Esprit; 3° *Trois anges avec des sceptres* (la Sainte-Trinité) *servis à table*; 4° *Un prêtre donnant la communion à des religieux en costume bleu.* Riche ornementation.

918 — Cinq feuillets entiers et deux grandes initiales découpées, provenant de deux livres de lutrin. Gr. in-fol.

Les feuillets sont ornés de six miniatures qui offrent un remarquable spécimen de l'art espagnol au seizième siècle. Ce sont de riches initiales historiées, accompagnées de beaux rinceaux. Les trois premières, provenant d'un même manuscrit, ont pour sujets : 1° *David jouant de la viole*; — 2° la *Vierge avec l'Enfant Jésus*; — 3° *Saint Pierre et saint Paul.*

Les trois autres représentent : 1° *Jésus-Christ avec deux Apôtres*; — 2° *Saint Pierre* (dans un médaillon, au bas de la même page); — 3° la *Résurrection de Jésus.*

Les deux grandes initiales (A, R) sont peintes en or plein sur un fond garni de rinceaux, d'anges, d'oiseaux, de fleurs, etc.

919 — Miniatures et gouaches françaises et flamandes, du seizième et du dix-septième siècle.

1° *La Descente du Saint-Esprit*; — 2° *Saint Nicolas*; — 3° *Le Coq et le Renard* : trois miniatures découpées dans des manuscrits français du quinzième siècle; — 4° Une grande et belle gouache représentant la *Lapidation de saint Etienne*, travail français du dix-septième siècle; — 5° et 6°, deux gouaches représentant un *Ermite dans le désert*; l'une porte la date de 1670; — 7° à 12°, gouaches représentant le *Combat de coqs*, une *Chasse au cerf* et quatre figures en pied, travail flamand du dix-septième siècle.

On y joint deux pièces en vers latins de V. Santeul, admirablement calligraphiées, l'une à l'occasion du mariage de M. Bignon de Blanzy avec Mlle Brunet : l'autre, sur la statue de Louis XIV triomphant de la guerre civile.

---

920 — Une Audience chez un shah de Perse. In-fol.

Belle miniature persane tirée d'un manuscrit du seizième siècle. Composition de seize personnages en costumes variés.

Imprimerie D. Dumoulin et Ce, rue des Grands-Augustins, 5, à Paris.

Carton ~~[illegible]~~

rue Gambetta

Meaux

André Collas de Gournay

15 bis rue de Marignan